U0909760

REGIONAL INNOVATION SYSTEM
EFFICIENCY OF RESOURCE ALLOCATION

区域创新系统

资源配置效率研究

王　亮　著

前　言

区域创新系统是国家创新系统的重要组成部分，是区域经济和科技发展的基础。当前我国创新人力和财力投入不足是我国区域创新系统创新能力提高的瓶颈。同时，人力投入和财力投入的内部结构也成为影响人力资源和财力资源利用效率的重要因素。由于创新系统人力和财力投入不足受到宏观经济等众多因素的影响，因此无法在短期内解决。通过研究区域创新系统投入与产出结构，来揭示区域创新系统内资源配置效率的变化特征，进而提高区域创新系统内资源配置效率，成为一个既影响微观企业创新行为，又影响宏观区域可持续性发展的重要课题。在此背景下，如何在考虑到具体区域生产特征的基础上，研究区域创新系统资源配置效率的变化特征，以及基于资源投入的区域创新系统创新机制，弥补跨地区比较研究的缺陷，成为一个既影响微观企业创新行为，又影响宏观区域可持续性发展的重要课题。

本书首先对区域创新系统资源配置效率的核心概念进行探讨和界定，在此基础上，分析了典型区域创新系统的发展历程，归纳了区域创新系统的发展阶段，构架了区域创新系统发展阶段识别模型，并通过实证研究验证了模型的有效性。其次，构建了区域创新系统资源配置效率评价指标体系和调节变量体系，通过实证研究提炼了区域创新系统投入和产出结构，研究了我国区域创新系统资源配置模式，并通过三阶段DEA模型评价了1995年至2005年上海市区域创新系统的资源配置效率，归纳了区域创新系统的资源配置效率的三条变化特征。再次，通过高级计量方法分析了环境因素对区域创新系统的资源配置效率的边际影响。最后，构建了基于资源要素投入的区域创新系统资源的创新机制模型，通过结构方程模型对理论假设进行了验证，并根据理论与实证研究提出驱动我国区域创新系统资源配置效率提高的政策启示与对策建议。

虽然自己尽了最大的努力，但是由于理论水平和实践经验的限制，书中一定存在不当之处，恳请读者提出批评意见。

本人于2008年8月进入杭州市社会科学院工作，担任助理研究员一职。在社科院这块知识与智慧的沃土上，我的学术水平与科研能力得到快速提升。在此我要向单位的领导和老师们表示感谢。正是有了他们的支持和鼓励，我才能够顺利完成本书的撰写工作。我也会以此为新的起点，一直走下去。

王 亮

2010年5月1日

目　录

第一章
绪　论

一、研究背景

在知识全球化不断深入，“大科学”特征日益凸现，特别是进入后危机时代，科技创新已经成为提升国家综合竞争力的重要手段。党和国家敏锐地抓住了这个机遇期，提出“着力加快经济发展方式转变和经济结构调整，着力推进改革开放和自主创新”，逐步将“提高自主创新能力，建设创新型国家”提升到国家战略的高度。这充分说明创新已成为我国社会和经济发展的主旋律。

区域创新系统是介于国家创新系统和企业创新系统之间的衔接体系。它的发展路径主要体现在区域科技的进步带动经济发展。区域创新系统的良性发展，不是通过要素驱动，而是通过自主创新实现经济社会持续和协调发展。目前我国离创新型国家还有一定的距离。R&D投入占GDP的比重虽然已经由1998年的0.69%增长至2006年近1.6%，但与创新型国家相比尚有差距；我国对外技术依存度高达50%，而美国、日本仅5%左右，关键技术自给率低，高科技含量的关键装备基本上依赖进口；高层次人才严重不足，虽然我国人才总体规模已近6000万，但高层次人才十分短缺，能跻身国际前沿、参与国际竞争的战略科学家更是凤毛麟角；创新指标尚未成为科研指挥棒，长期以来，许多单位以论文数量作为考核的主要指标，导致科研人员片面追求论文数量，质量却无法让人乐观。“科技瓶颈”已成为我国经济社会发展的重要制约因素，原始性创新能力不足已影响到我国国际竞争力的进一步提升。

我国R&D总经费在2005年位于世界第三，仅次于美国和日本，2006年已超过日本位居世界第二，但无论是人均R&D经费还是R&D活动有效性方面均落后于世界主要创新型国家。2005年我国科技创新能力在49个主要国家（占世界GDP的92%）中位居第24位，处于中等水平。我国可以说已是一个科技大国，但科技大国并不等同于科技强国，我国对创新资源的配置缺乏特定的规则、程序和渠道，因为信用风险、利益分配等原因，企业之间、企业与高校和科研院所之间缺少有益的合作，这样的合作方式难以缩短科技向生产转化的时间。创新资源作为一种稀缺资源，就我国目前情况而言，更需要优化配置，提高绩效。

区域创新系统是国家创新系统的重要组成部分，是区域经济和科技发展的基础。当前我国创新人力和财力投入不足是我国区域创新系统创新能力提高的瓶颈。同时，人力投入和财力投入的内部结构也成为影响人力资源和财力资源利用效率的重要因素。由于创新系统人力和财力投入不足受到宏观经济等众多因素的影响，因此无法在短期内解决。通过研究区域创新系统投入与产出结构，来揭示区域创新系统内资源配置效率的变化特征，进而提高区域创新系统内资源配置效率，成为一个既影响微观企业创新行为，又影响宏观区域可持续性发展的重要课题。

当前对区域创新系统资源配置效率方面的研究主要针对全国各个地区进行资源配置效率以及区域创新绩效方面的评价。但正如 Chieko Umetsu et. al [6] 的研究结果所指出，当区域间存在要素禀赋和生产技术差异时，跨地区比较研究不能够提供有效的政策含义，因为这种比较忽略了影响生产和技术变化的区域特征因素，如GDP、人口数量，等等。上述研究所使用的数据都是横截面的数据，而且指标的选取多以综合指标为主，未考虑到具体区域的生产特征，这样所得出结论的解释力在一定程度上可能会受到影响。

如何在考虑环境因素的基础上，研究区域创新系统资源配置效率的变化特征，以及基于资源投入的区域创新系统创新机制，成为弥补跨地区比较研究的缺陷，提高政策指导的可行性的重要研究内容。

二、研究意义

（一）理论意义

从理论角度，区域创新系统资源配置效率变化特征的研究作为一个新兴的研究方向，涉及以下三个基础理论的扩展，具有丰富的研究价值。

1. 区域创新系统资源配置效率评价

本书全面、系统地对区域创新系统资源配置相关定义进行完整界定，探索了区域创新系统资源的结构、配置的变化特征，揭示区域创新系统资源配置的微观机理，构建区域科技创新系统的理论研究框架。并运用多学科的综合研究方法，拓展相关学科的应用领域，丰富了区域创新系统资源配置及使用的研究内容，完善了区域创新系统资源配置效率评价的现有理论。同时，通过对上海市区域创新系统资源配置效率变化的实证研究，深刻剖析区域创新系统资源配置低效的深层原因，探索性地提出相关对策建议以改善我国区域创新系统的资源配置效率，为发展我国"科教兴国"以及区域的"科教兴省"战略提供一定的指导和借鉴作用。

2. 区域创新系统的创新机制

过往对区域创新系统机制的古典研究中，区域创新系统的创新机制主要包括两部分：一是构成创新系统的要素；二是要素之间的运行关系。对创新系统构成的要素，国内外有不同的看法，但基本要素的分类为大家所认同：根据主体的区别，分为高等院校和科研院所、企业、政府和中介服务体系。但是古典区域创新系统创新机制无法从投入产出的角度分析如何促进区域创新系统综合绩效的提高，更无法量化评估各个主体要素对区域创新系统的贡献，缺乏显著的方向性和目的性。但本书基于区域创新系统的资源要素投入，构建区域创新系统的全新的创新机制模型，并通过研究得出的创新机制假设和特征，为研究区域创新系统的创新机制提供了一个研究范式和理论支持框架。

3. 复杂系统理论

区域创新系统是一个庞大而复杂的系统，它的发展受制于许多影响因素，例如历史地理基础、自然地理条件和区位条件、区域经济的发展阶段和发展水平等。因此，对于区域创新系统的研究必须从复杂系统的思想出发，用系统的研究方法，揭示以创新要素最优配置为前提的系统发展趋势是本书的一个重要内容。

（二）实践意义

自1956年开始，我国已制定了《1956—1967年全国科学技术发展远景规划》、《1963—1972年科学技术规划纲要》、《1978—1985年全国科学技术发展规划》、《1986—2000年科技发展规划》、《1991—2000年科学技术发展十年规划和"八五"计划纲要》、《中长期科学技术发展纲要(1990—2000—2020年)》。但由于社会主义市场经济体制还处于过渡期，科技体制改革有待深层次的突破，还需要不断完善适合于市场经济规律和科技活动规律的运行机制。目前中国区域创新系统的资源配置还存在许多不合理现象，诸如科技资金等资源社会投入规模与社会发展需求差距过大，计划经济体制为科技资源配置结构留下很大弊端，科技资源配置的创新功能低，市场经济尚未形成对科技资源配置的基础性作用，等等。

资源配置是区域创新系统科技决策的核心，使科技资源的运用达到节约、高效、创新的优化配置，需要在规模、结构、运行方式上进行改革和完善。科技资源是国家的第一资源，科技资源配置是战略配置。知识经济时代是科学技术（知识）在经济增长和经济发展中起决定性作用的时代。科技资源配置的要素包括科技资金、科技人才、科学研究实验设备、科技信息等。科技资源配置主体分为执行主体和调控管理主体，科技资源配置是全社会资源配置的关键，只有使其成为区域创新系统的基础，才能发挥其最佳的创新功能。目前我国科技资源配置规模与社会需求有很大差距，计划经济体制给科技资源配置结构带来很多不利影响，至今仍是改革的难点。通过研究区域创新系统投入与产出结构，来揭示区域创新系统内资源配置效率的变化特征，进而提高区域创新系统内资源配置效率，成为解决以上实际问题的重要途径。

（三）研究内容

本书各部分内容如下：

第一章介绍了本书的研究背景、理论意义与实践意义，以及本书的方法论和研究路线。

第二章对核心概念进行探讨和界定，并总结了本文的理论基础，点评了当前研究文献的成果和理论空白。

第三章总结了典型区域创新系统的发展历程，归纳了区域创新系统的发展阶段，构架了区域创新系统发展阶段识别模型。

第四章提出了区域创新系统资源配置效率评价指标体系和调节变量体系，通过实证研究，提炼了区域创新系统投入和产出结构，研究了我国区域创新系统资源配置模式。

第五章通过 DEA 三阶段模型评价了 1995—2005 年的区域创新系统的资源配置效率，归纳了区域创新系统的资源配置效率的三条变化特征。同时，通过高级计量方法分析了环境因素对区域创新系统的资源配置效率的边际影响。

第六章通过结构方程模型，构建了基于资源要素投入的区域创新系统资源的创新机制模型，并通过实证研究对模型假设进行了验证。

第七章结合以上几章的理论与实证研究，提出适用于我国的政策启示与对策建议。

(四)研究方法

根据上述的研究内容,基于区域创新系统资源配置效率变化特征与创新机制研究的复杂性,仅仅用一种方法往往很难有效地解决所有问题。因此,本书采用了多种方法的结合。

1. 规范研究与实证研究

规范研究的目的是探索"应该怎么样",而实证研究的目的是验证"实际怎么样"。两者结合才能高屋建瓴地洞察问题本质,一方面使得规范研究的结果得到实证研究的支持与修正,避免规范研究的假设常常与实践层面脱节的天然缺陷;另一方面也使得实证研究可以以规范研究的结论为基础,规避实证研究缺乏理论根基的与生俱来的不足。

本书的规范研究主要根据对相关文献的归纳和演绎。总结国内外的相关文献是把握学科脉络,谋求理论创新的基础。相关文献呈现出多、广、散等特点,信息收集手段的发展虽然为研究者提供了便捷的获取方式,但过多的冗余信息又为本书找到真正有价值的文献构成了障碍。

本书主要通过以下渠道收集相关文献:① 国内外的电子数据库,包括中国大陆的中国学术期刊全文数据库、中国优秀博硕士学位论文全文数据库、万方数据资源系统、维普中文科技期刊数据库、人大复印资料电子版、Blackwell Synergy 电子期刊、Emerald 全文和文摘数据库、UMI ProQuest 博士论文全文、Jstor 数据库、Elseveir 数据库、EBSCO 数据库、ProQuest ABI 数据库、SpringerLink 数据库等。② 没有包含在以上电子数据库中的 working papers 数据库,包括:IDEAS 数据库、SSRN 数据库、Econpaper 数据库等,部分尚未正式发表的 working papers 也给本书很多的启示。③ 相关的专业会议和学术报告会。④ 网络搜寻,这是以上正规信息获取渠道的补充方式,虽然准确性有限,但是网络信息的低成本和快捷,确实能够为开拓思路提供帮助,尤其是在 www. scholar. google. com,可以检索到大量区域创新系统方面的较早的研究成果。

本书的实证研究旨在对规范研究归纳的假设进行验证和修正,一方面有助于对问题的理解;另一方面可以发现新的问题。这里的实证研究包括两个部分:案例研究和量化研究。实证研究的开展虽然耗时费力,但与逻辑思维、规范研究相比,却更加贴近于实践层面。支撑实证研究的思想基础是实证主义,在对客体的认识方式上,实证主义认为社会现象必须被经验所感知,一切概念必须可以还原为直接的经验内容,理论的真理性必须由经验来验证。实证主义遵循的是自然科学的思路,认为事物内部和事物之间必然存在着逻辑因果关系，对事物的研究就是要找到这些逻辑因果关系，并通过理性的工具对它们进行科学的验证①。

2. 静态研究与动态研究

区域创新系统的发展是一个动态的过程。区域创新系统不同发展阶段的重点不同，各个区域创新系统的发展路径各异。考虑到这一点，本书主要研究了区域创新系统资源配置效率变化特征和区域创新系统发展阶段识别模型两个部分，尤其关注了区域创新系统研究的动态性。

之所以这样强调，是因为有很多有关区域创新系统方面的研究都陷入一种常识性的陷阱。当根据横截面数据研究得到若干结果之后，研究者往往就当时的区域创新系统得出相应规律和结论。事实上，这样跳过动态研究的结论归纳并不足信，更无法充分解释区域创新系统资源配置效率的动态变化过程。将静态研究与动态研究相结合是本书的一个重要的创新。两者相辅相成，缺一不可。

3. 定性研究与定量研究

性质与数量是一切事物中相互联系的两个侧面。事物的量变积累到一定程度便发生质变。本书研究区域创新系统资源配置效率变化特征问题，主要目的之一是要在事物发生质变时及时地发现它，甚至在质变发生之前就预见它。正因为质变是量变的结果，要研究质变就必须研究量变。因此，定性研究与定量研究应该并重。可是就我国当前对区域创新系统的研究现状来说，一方面，除了评价问题以外，定量研究仍较弱；另一方面，在评价问题方面，过于着重于定量研究，缺乏定性的结论和论述，也是当前研究结果的重要缺陷之一。

本书的研究内容强调定性研究和定量研究必须并重。本书在研究过程中，主要提取了上海市、北京市、浙江省、吉林省等数据，得出的结论要经常进行定量研究可以及早发现质的变化，从而再次作出定性结论，而且还可以对过往定性研究的结果起到修正作用，甚至可以推翻原有的定性结论，而做出新的定性结论。本书并不过于聚焦定量研究，忽略定性研究。定量研究离不开统计数字，但如何运用统计数字却大有文章。部分学者认为，统计数字是最可靠、最有说服力的。但实际上，由于技术或政治的原因，统计数字有时并不可靠，因为它经过了人们的加工制作，而为了不同的目的，数据工作者在制作时可能将其夸大或缩小，以制造有利于自己的假象。所以，如果走到一个极端，

① 陈向明：《质的研究方法与社会科学研究》，教育科学出版社 2000 年版。

认为一切问题的结论都只能决定于定量研究，决定于数学方程式，则根本无法得出有效结论。事实上，中外经济学家中都曾出现过这种偏向。在美国，自从1969年诺贝尔经济学奖授给两位创立计量经济学的教授后，经济学和管理学出现了数学化的倾向，但经济学理论并未因此取得巨大成就，而且经济学家对经济的预测反而大都不很准确。在我国，一些区域创新系统研究方向的专家和研究学者近年来也把量化奉为圭臬，缺乏定性的论述和独立的观点。这种做法，在国内外都已受到怀疑，甚至批评。本书既使用定量研究，用数据的结果对现状作出阐释，又加强定性研究，对定量结果给予有效的支持，使两者有机地结合起来，以期得到更加正确的结论。

（五）研究路线

本书具体的研究框架如图1-1：

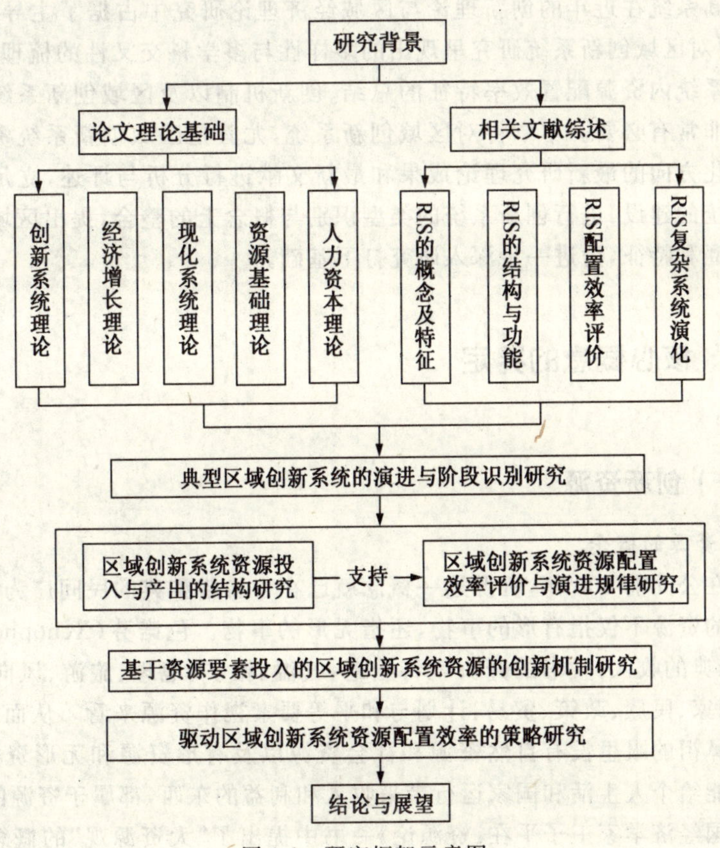

图1-1　研究框架示意图

第二章

理论基础与研究综述

在“加强自主创新，建设创新型国家”成为我国基本发展战略的背景下，创新系统（innovation system）在创新型国家建设过程中发挥着越来越重要的作用。创新系统在近年的创新理论与区域经济理论研究中占据了主导地位，因此，需要对区域创新系统研究呈现出的多样性与多学科交叉性的梳理，对于区域创新系统内资源配置效率特征的总结、创新机制以及区域创新系统的建设的研究非常有必要。本章将对区域创新系统，尤其是区域创新系统资源配置效率变化方向的最新研究理论成果和最新文献进行分析与评述，立足于区域创新系统的建设，进行创新系统的类型识别与概念上的整合，提出区域创新系统的内涵和特征，为进一步深入研究打下基础。

一、核心概念的界定

（一）创新资源

1. 资源的概念

早在公元前400年，资源这一概念就已在古希腊雅典的民间广为流传，当时所说的资源不仅指有形的事物，还指无形的事物。色诺芬（Xenophon）在其名著《雅典的收入》一书的开头就将土地、气温、银矿、地理、旅游、风向、运输、商品、国家、民族、政策、贸易、计划与和平等要素视作资源来看。从而可见，在经济学鼻祖的眼里没有自然资源和社会资源以及有形资源和无形资源之分，一切可能给个人生活和国家运行带来收入和利益的东西，都属于资源的范畴。

我国经济学家王子平在《资源论》一书中提出了“大资源观”的概念：资源是指一定的社会历史条件下存在的能够为人类开发利用的，在社会经济活动中经由人类劳动而创造出财富或资产的各种要素。这种定义缺少广义性，且一定程度上存在资源和财富相混淆的痕迹。

资源是一种多角度、多层面、多类别、多形态、多形式的广泛存在，它是一个涉及经济、法律、政治、科学技术、社会、伦理等诸多领域的概念。一般来说，资源是指对人有用或有使用价值的某种东西。从广义来看，资源包括自然资源、经济资源、人力资源、社会资源等各种资源；从狭义来看，资源仅指自然资源。

周德群在《资源概念拓展和面向可持续发展的经济学》一文中认为资源是“对人类或非人类有用或有价值的所有部分的集合”，包括自然资源、人力资源、信息资源、科技资源、时间资源、空间资源、社会资源（如权力）。杨秀苔和蒲勇健在其合著《资源经济学——资源最优配置的经济学》中给出资源的定义：“在一定时期、一定地点所具有的资源概念，指的是根据该时期人民大众消费偏好及科学技术水平，那些存在于该地点可以作为经济活动的投入或潜在投入的因素综合。”

笔者认为，资源首先是一种存在，它可以作为投入要素参与人类社会的一切活动，是人类生存和发展的基本条件，它可以是现存的也可以是潜在的，包括自然资源和社会资源；其次，资源具有使用价值，能够为人类开发利用，能够经由人类劳动创造出社会财富；再次，资源是一个时空概念，它是存在于一定的时间和空间里的，在一定的自然和社会条件下生成和变化的，根据其存在时空的不同，可以分为现存资源和潜在资源；最后，资源还是一个整体概念，资源反映着特定的社会关系，它的存在和利用是依附于一定时期内一定的国家、地区、部门或经济主体的经济活动的，其孤立地作为现实存在是没有任何经济社会意义的。

2. 创新资源的概念

20 世纪 70 年代，罗马俱乐部成员梅多斯(D. Meadous)在《增长的极限》一书中指出，在以资源消耗为主要特征的资源社会形态中，随着人类经济增长所依存的各种资源的不断枯竭，人类正面临着危机。最后，梅多斯还设想：“如果有理由深切忧虑，也有理由寄予希望。……可以创立一个完全新式的人类社会——一个以后可以世世代代维持的社会。”在其悲观的经济增长思想中，梅多斯预感到了未来将会有一种可替代自然资源的新资源，以“维持”社会经济的长期发展，只是他没有说明这种“新”资源是什么。著名经济学家萨缪尔森在“资源经济学”和“环境经济学”的理论中，也提出了一种可替代“自然资本”的“其他形式资本”，他描述为“那些经过深加工的资本，如更多的科学家、高素质的劳动力，以及同各国信息高速路联结的图书馆”，但是他没将这种“可替代”的“其他形式资本”解释为一种“新型”的资源。同样，美国著名经济学家斯蒂格列茨在其《经济学》著作中也指出了“生产率增长这一最后源泉（即技术变革）可能是最重要的”。

世界银行将技术能力分解为生产能力、投资能力和创新能力三个方面，其中创新能力指在经济实践中实施和创造新技术的能力，包括从发明到创新直至改进现有技术的所有活动，而创新资源是创新活动的基础，从而将创新和资源有效地结合起来就有了创新资源这一说法。20世纪90年代，学者们开始兴起了对创新资源的研究，类似的提法有：科技资源、技术创新资源和科技创新资源。

经济学家们描述的“可替代”的“新”资源，即创新资源，它是一种以新技术、新知识和创新人才等为主要内容的全新的资源形态。创新资源是创新活动的核心要素，是产生创新成果，推动经济和社会发展的要素的总和。首先，创新资源不同于传统的自然资源，它不是先天形成的资源，而是通过后天学习得来的资源。其次，创新资源不仅是一种可以反复利用的资源，而且不具有很强的排他性，是可以同时被很多人利用的。再次，创新资源的利用是不受环境、时间和空间的限制的，它是一种典型的“可再生资源”。最后，创新资源的存在形态很多，既有物质形态的，如科研中心、科研仪器、实验设施、科研经费、图书等，也有非物质形态的，如知识产权、发明专利、科研成果、新思想、人力资本等，创新资源非物质形态的存在都是以“人”为中心的，创新型人才是非物质形态的创新资源的载体。

3. 创新资源的分类

创新资源同资源一样也是一种多性质、多形态、多形式、多属性的广泛存在。创新资源按照不同的标准进行分类可以划分出不同的类型：从存在性质这个角度来划分，创新资源可以分为创新人力资源、创新财力资源、创新物力资源和创新知识资源四类（周寄中，1999）；从存在形态这个角度来划分，创新资源可以分为有形创新资源和无形创新资源，如技术设备、机器、资金、人才等属于具有物质形态的有形创新资源，技能和经验、专利、组织规则、信誉等属于非物质形态的无形创新资源（刘金勇、杨彦平、黄艳萍，2002）；从存在形式这个角度来划分，创新资源可分为存量创新资源和增量创新资源，存量创新资源是指某一时点之前所积累的创新资源，增量创新资源是指在某一时点新投入的创新资源，现时的增量将会成为未来的存量；从存在属性这个角度来划分，创新资源可分为国有创新资源和民间创新资源，国有创新资源和民间创新资源的不同之处在于其投资的主体不同，一个是国家财政和政府，一个是民间社会团体、企业或个人。本书创新资源的分类方法主要结合存在性质和存在形态，并主要借助于区域创新系统资源要素投入的视角。考虑到创新资源内容的复杂性以及本书研究的主要对象，将创新资源界定为可以为区域创新系统各个主体投入、使用、开发、转化、扩散的所有资源。

（二）资源配置

资源本质在经济学中表现为稀缺性，它涉及资源的供需关系和价值。资源配置亦称资源分配，《简明不列颠百科全书》认为，资源分配是指生产性资源在不同用途之间的分配。

美国学者格林沃尔德在《现代经济词典》中认为，资源分配是指资源在不同用途和不同的使用者之间的分配。资源配置是对稀缺资源在各种可能的用途之间进行选择、安排、搭配以获得最佳效率的过程。创新资源作为知识经济时代的一种重要的资源，它对经济增长和社会发展的作用不可低估，它是一种居于主导地位的战略资源。虽然创新资源的利用不受环境、时间和空间的限制，是一种典型的"可再生资源"，但是就某一时点的一定空间内创新资源还是有限的，在经济学中表现为稀缺的，因而决定了创新资源的价值的核心。创新资源的稀缺导致对创新资源的竞争，加上创新资源本身分布的不均衡性，这些因素综合起来客观上决定了创新资源的流动性特征。这种流动性为创新资源的配置提供了可能性，经济学中的理性人对于利润的追求为创新资源的配置提供了不竭的动力。

创新资源的配置关系到一个国家或区域的整体创新能力和竞争能力的提高，它是国家和区域经济运行和经济发展的核心问题。创新资源配置就是指对相对稀缺的创新资源在各种创新活动和各个创新主体之间进行的选择、安排、分配和组合的过程。创新资源配置，首先要在不同的创新主体间传递有关需求、可利用创新资源的信息，然后根据这些信息，安排创新资源在不同创新主体间的分配、组合和使用。

下面探讨一下创新资源配置的目标和原则：

1. 创新资源配置的目标

如何实现效益最大化是资源合理配置追求的目标，对效益的追求是合理配置资源的核心问题。

(1) 创新资源作为重要的战略资源，它是创新活动的物质基础，其配置的目标是以较少的创新资源实现较多的产出，并实现较多的效益，同时调整优化创新资源的投入组合结构，最终建立起适应科技创新与经济社会发展的创新资源配置体系。

在评价经济系统资源配置效果的理论中，"帕累托最优"（Pareto

Optimum)或“帕累托标准”(Pareto Criterion)是运用最为广泛的，资源配置的目标即是要达到经济系统的帕累托最优。帕累托最优可以定义为一种状态，在这种状态下，每一个人的经济状况都好到这种程度，以至于任何人都不可能再得到好处而同时又不使另一个人受到损失。在这种状态下，任何能更有效地再配置资源和再分配商品的自愿交易都不可能发生，不再有自愿交易的机会，也不再有提高经济系统效率的可能。这是一个完全效率的概念，指的是生产、贸易和消费都高效率的组织在一个系统之中。

(2) 根据帕累托最优这一资源配置理论，作为一类特殊的资源，创新资源的配置也应该达到这样一种理论上的状态：在一定时间和空间范围内，在创新资源的数量和质量给定的条件下，该系统创新资源的重新配置已经不可能使任一创新主体或个人的创新产出增加，除非至少使另一主体或个人的创新产出减少。

现实经济生活中，帕累托最优实现的条件——完全竞争的理论模型的假设是很难具备的，因而以帕累托最优来衡量创新资源配置的效率是不可取的。创新资源的配置是在某一系统内进行的，其配置的效果涉及不同创新活动主体的效益以及经济、社会、长远和综合的效益。创新资源的合理配置就是要在有限的创新资源的基础上，最大限度地实现这些效益，并且达到这些效益之间的协调。因而依据创新资源配置的两个层次，其目标具体为：

宏观上，有效调集创新资源，尽可能地减少闲置，同时从创新资源的存量和增量入手，合理地使用创新资源，实现创新资源配置的调集功能；充分利用创新资源的“可再生性”，实现其对实物资源的有效替代，在生产函数中注入更多的技术因素，实现创新资源配置的生长功能；系统地进行创新资源配置，强化创新资源配置效应的辐射作用，形成区域创新系统内创新资源配置—创新活动—创新效益的正反馈体系，实现创新资源配置的辐射功能，最终在创新资源有限的条件下，实现整个国民经济的快速、健康、持续发展。

微观上，在各个创新活动主体间科学地组合和使用创新资源，有效提高创新活动的产出水平，使创新资源利用的直接效益最大化，实现创新活动的投入产出最优，达到区域创新资源配置的帕累托最优，同时不同创新活动主体(个人、企业、高校科研机构、政府等)的效益实现最大化，使各种效益之间达到协调。

2. 创新资源配置的原则

在有限的创新资源条件约束下，要取得尽可能大的效益，实现创新资源配置的目标，在创新资源配置中应遵循以下基本原则：

(1) 经济效益原则

创新资源优化配置的永恒目标就是使有限的创新资源产出尽可能多的创

新成果，或者是为产出一定的创新成果尽可能少地使用创新资源。创新资源配置的经济效益指的是用有限的创新资源，生产出尽可能多的符合社会经济发展需要的创新成果，并将这些成果转化为生产力，切实推动经济的增长。

(2) 社会效益原则

创新资源配置符合经济效益原则，并不能代表创新资源的优化配置问题已经全部解决。创新资源配置在影响经济增长的同时，还会对社会的进步发展产生很大的影响。创新资源配置的创新产出在一定程度上会对整个社会的经济环境、文化环境、生态环境等产生正面影响，促进社会经济、政治、文化和环境的协调发展，实现创新资源配置中效益追求的最高层次——社会效益。

(3) 长远效益原则

创新资源的配置追求的不仅是当前效益，更重要的是长远效益。从近期看，创新资源配置要实现创新产出的最大化。从长期来看，则是要实现创新的可持续发展和经济、社会的可持续发展。创新资源的优化配置就是要将创新资源投入到有利于创新和促进经济、社会可持续发展的方向上，真正做到当前效益和长远效益的内在统一。

(4) 综合效益原则

创新资源配置产生的经济效益、社会效益和长远效益构成创新资源配置的综合效益，这三种效益相互联系、相互依存，三者的总和是创新资源优化配置的完整的准则。全面衡量各种效益并进行利弊权衡，不同时期侧重有所不同，按综合效益最优的原则，全面比较，综合平衡，确定创新资源配置的价值取向，最终实现创新资源的优化配置。

(三) 配置效率

在创新系统研究中，区域创新系统是处于一个中观层次，承接国家创新系统与企业创新系统的桥梁。它是指在一定区域内，一定社会经济文化背景下，由经济、科技、教育和地方政府等部门共同组成的一个有机活动整体，其目的是提升区域产业竞争力，发展区域经济。创新资源的配置效率，就是在一定的时间、空间组织内协调、分配创新资源，使配置后的科技资源达到最佳结合而发挥最大效能。区域技术创新主体是企业，但是企业在技术创新过程中会涉及方方面面内容，其中大学、科研机构、地方政府、金融机构、中介服务组织等在企业研发、设计制造、生产和市场推广过程中起到重要的作用。

根据区域创新系统的特点（本书第二章重点论述），它是一个多要素投入和产出的复杂的动态系统，投入向产出转化是贯穿于创新的全过程，区域创新资源配置效率是系统的投入与产出之间关系的概念。要测量区域创新资源配置的绝对效率极其困难。本书认为，如果以较少投入得到较高的产出，那么，这样的投入产出关系是属于高绩效的，在这种关系下的区域创新资源的配置效率是高的。创新资源的配置效率就是用来衡量一个区域在一定要素投入的情况下，其产出离生产前沿面的距离，距离越大，技术效率越低。

二、本书的理论基础

(一) 创新系统理论

创新系统多样性的讨论无疑丰富了技术创新领域的研究，同时也明确了技术与制度的变革在经济发展中的关键地位。实际上，回顾早期的经济发展理论，Adam Smith 和其他一些经济学家早已认识到科学与技术的重要性，即使他们并没有给予科技如 List 所描述的重要地位。而 List 在其著作 *The National System of Political Economy* 中就已经提出了"The National System of Innovation"的概念，研究的主要目的在于揭示在过去的两个世纪中，创新系统性与国家经济增长的关系。由此可见，创新系统的研究源于国家创新系统的阐释。

1. 国家创新系统内涵的演变

国家创新系统的完整概念存在着狭义(见表 2-1)与广义(见表 2-2)之分。狭义定义是将那些促进知识获得及扩散的较为明确、微观的因素看成是创新源泉；而广义定义则认为那些狭义的制度或创新要素要融入一个更广泛的社会经济系统，在这个系统内政治、文化与经济政策一起影响创新活动的范围、方向以及成败。

表 2-1　国家系统：狭义的定义(创新资源)

17 世纪	科学院、皇家学会、学报、学术期刊、科学的国际主义、科学教育
18 世纪	产业革命、技术教育、技术的民族运动、咨询工程
19 世纪	大学、博士、科学机构、工程技术大学、技术学会、政府实验室的发展，产业内部技术研发、标准、规范的逐步形成。
20 世纪	所有产业的内部研发、"重要的科学与技术"、研究讨论会议、国家自然科学基金等，政府科技部门、产业研发的服务网络

资料来源：Chris Freeman，2002.

从表2-1和表2-2比较中可以看出,对于国家创新系统定义从狭义到广义的决定性转变发生在17世纪和18世纪的英国、美国以及其他一些欧洲国家。这种转变是科学在文化中的提升,是科学、技术连接程度的提高,也体现了新的产业过程系统化分布。研究成果的回顾也表明,国家创新系统广义定义与目前我们倡导的创新型国家建设的基本战略思路极为吻合,均强调各创新要素通过组织间的相互合作与竞争,发挥最有效的创新功能。同时,国家制度、政策成为连通整个创新网络的辅助桥梁。

表2-2 国家系统:广义的定义(18—19世纪英国国家创新系统的特征)

特征
科学研究与企业之间强有力的连接
当地土地拥有者在基础交通运输建设方面的大力投资(包括运河、公路以及随后的铁路)
科学研究成为一种国家制度,受到政府的鼓励和当地社会的欢迎
组织间的契约形式使得投资者为企业提供了资本与合作
有利的贸易及服务通过国家和当地资本市场投资于产品生产和基础设施建设而获利
经济政策在古典经济学指导下发生变革并着眼于工业化进程
为保护国家技术、延迟竞争者的追赶而付出巨大努力
直到1850年,英国的人均产出是欧洲平均水平的两倍
在水车、运河、机器制造和铁路方面咨询工程的发展,以及实践技术的传播
针对新工业工程技术的兼职培训、夜校以及学徒培训
初级、中级、高级培训的逐步展开

资料来源:Chris Freeman,2002.

2. 以技术为核心的国家创新系统阐释

20世纪中叶以来,日本、韩国、新加坡等亚洲国家成为世界范围内创新的生力军,为国家创新系统的研究提供了丰富的实践背景。而在围绕实践展开的研究中,多数都强调在国家创新系统为技术进步的推动作用,同时也说明了技术的变迁仍然是系统化创新的核心部分。费里曼认为,日本在技术落后背景下以技术创新为主导的崛起,说明国家在推动一国的技术创新中起着十分重要的作用。他进一步指出,在人类历史上,英国、德国、日本和美国等发达国家的技术追赶和技术跨越,不仅是技术创新的结果,而且也是制度和组织创新的结果,因而也是国家创新系统发展的结果。

1992年,伦德瓦尔将国家创新系统界定为"在生产、扩散和使用新的和经济上有用的知识过程中各种成分和关系的相互作用——两者都位于或者说植根于一国的疆界之内”。他认为,国家创新系统中的主要子系统包括:(1) 企业的内部组织;(2) 企业间的关系(产业结构);(3) 公共部门的作用;(4) 金融部门及其他部门的作用;(5) 研究开发部门。佩特尔 (Patel,1994)和帕维蒂(Pavitt,1994)认为,不同国家对技术投资的政策是不同的,由此造成了国际技术差距在某些国家之间扩大的趋势。国家创新系统可以帮助一国确定对技术进行投资的政策,并根据这种投资效果来解释不同国家在技术投资上的差异和模式。基于这样的认识,他们构建了包括四个部门在内的国家创新系统理论结构图:一是企业,尤其是对创新进行投资的企业;二是提供基础研究和相关培训的大学和科研机构;三是提供一般教育和职业教育培训的公共和私有教育部门;四是促进技术进步的政府、金融等部门。

由此可见,创新的主角是企业,企业借助技术变革的契机推动经济发展,国家创新系统为此过程提供良好的支撑环境与方向指导。经济合作与发展组织(OECD)在 1996 年发表的《国家创新系统》报告中也明确了这一观点:“创新是不同主体和机构间复杂的相互作用的结果。创新并不是以一个完美的线性方式出现,而是系统内部各要素之间的互相作用反馈的结果。这一系统的核心是企业,是企业组织生产和创新、获取外部知识的方式。外部知识的主要来源是别的企业、公共或私有研究机构、大学和中介组织。”OECD 进一步揭示了国家创新系统的政策意义,在其《国家创新系统》报告中指出了研究国家创新系统的政策含义是纠正技术创新中的系统失效和市场失效,即纠正企业因短视而对技术开发的投入不足。

正如熊彼特所强调的“创新扩散由于时间和空间的因素必然呈现出不均衡性”那样,国家创新系统的部署并不是简单的创新子系统相加。即使是在工业革命时期的英国,创新也不是遍布全国,通航的运河、水利资源、公路交通以及矿产资源等地理资源要素,都直接影响着创新活动的地理分布。于是,创新活动的空间分布性越来越明显,“sub-national”产业区域在国家经济发展中日益发挥其优越性,而关于“sub-national”区域创新系统的研究价值也逐渐超越了国家创新系统。实际上,人类行为一个最突出的特征就是具有跨越不同空间交换信息和商品的能力。由于空间异质性,导致技术和知识不完全流动理论或缓慢扩散的假设会更接近现实。缺乏空间维度的理论也渐渐显示出不完美,“在一个没有空间维度的地方”进行研究(Isard,1956)是区域科学之父艾萨德对于主流经济学的批评。20 世纪 60 年代以后,一些区域经济学家开始将新古典增长理论逐步完善,认为创新和发明是受空间距离和空间壁垒影响的,将区域内部空间结构的变动对区域增长的影响纳入新古典增长理论(Richardson,1973),综合空间、时间、产业维度的区域创新系统功能的优越性在经济发展过程中也日益明显。

在创新系统化的研究不断深入的进程中,各种概念的讨论也开始纷繁复杂。如何以提升国家和区域的创新能力为宗旨,统筹安排与整合国家创新系统、区域创新系统、产业创新系统、技术创新系统、地方创新系统等各关键类型创新系统,成为理论与实践工作的当务之急。基于以上创新系统研究的回顾,对创新系统的研究可从各关键类型创新系统和关键变量角度汇总,如表 2-3。

表 2-3 不同类型创新系统的特征

关键变量	动力源	空间范畴	研究范畴	作用评价
国家创新系统	国家发展需要	以国家为研究边界	研究国家内介入创新活动的主体节点之间的关系	过于宏观,不易深入
区域创新系统	区域创新主体自发动力受商业发展牵制的动力	在地理上越来越区域化,跨越行政疆界甚至可能跨越国界	区域内各创新主体及其支撑机构的相互作用机制,创新系统评价等	不同类型创新系统的可行载体为产业、地方创新系统提供创新环境
钻石模型	以国家发展战略为动力	以国家为边界	并未着重于创新活动的研究重点在于增强国家竞争力的探讨	过于宏观,缺乏系统性
产业创新系统	以产业链上各主体的共同价值系统驱使为动力	以某一国家的某一产业为范围,没有明显的空间特性	以产业结构升级为目标研究产业范围内的创新合作与竞争	忽略创新活动在空间上的联系
技术创新系统	以主导技术变迁为核心动力进行创新	以技术边界划分系统网络,没有明显的空间特性	技术系统内的各成员的技术合作、知识溢出包括供需关系引发的技术变革	创新系统的最初动力与核心应与产业、区域配合
地方创新系统	交易成本降低	有较强的地域色彩,地理集中增强其创新活动的能力	研究产业、企业和机构的集聚分工协作,由此产生的外部规模经济及创新氛围	典型的集聚方式应该向规范化、系统化发展

从以上总结可以看出,在长期围绕创新系统的研究中,从各角度提出的创

新系统概念相当丰富，但是并不相互独立，从研究范畴和关键变量上都有交叉。尤其在进行国家总体战略布局时，它们之间具有较强的互补性和支撑联系。

（二）经济增长理论

经济增长(growth)与经济发展(development)是两个既有区别又有联系的概念。人类对发展的概念的认识是逐步深入的，早期经济学家对“增长”与“发展”的概念往往不加区别，如刘易斯论述经济发展阶段理论的名著命名为《经济增长理论》，罗斯托的《经济增长的阶段》一书实际上是对经济发展阶段的研究。

库兹涅茨认为：“一个国家的经济增长，可以定义为向它的人民提供品种日益增加的经济商品的能力的长期上升，这个增长的能力，基于改进技术，以及它要求的制度和意识形态的调整。”这里的经济增长实际上包含了经济发展的理念。萨缪尔逊认为，经济增长“用现代的说法就是指，一个国家潜在的国民产量，或者，潜在的实际 GNP 的扩展。可以把经济增长看做是生产可能性边缘随着时间向外推移”。一般认为，经济增长指一个国家或地区生产的物质产品和服务的增加，即社会财富的增长、生产或产出的增长。衡量经济增长的通用指标是国民生产总值(GDP)或国内生产总值(GNP)的增长率，有时也用人均 GDP 或 GNP 的增长率。

“发展”是一个古老而又永恒的主题，自从人类历史进入 20 世纪中叶以来，它又被赋予了一种新的特殊含义。经济发展理论或发展经济学中的发展，特指发展中国家摆脱不发达状态，由传统社会经济状态向现代社会经济状态的根本性转变。发展经济学家缪尔达尔(1992)认为：“发展是整个社会制度向上的运动，换言之，这不仅涉及生产、产品的分配和生产方式，也涉及生活水平、制度、观念和政策。”经济发展不仅要使整个社会的生产力提高，更要注重社会发展质量的提高。著名发展经济学家托达罗(Michael P. Todaro)提出发展的新经济观点：“发展必须既包括经济加速增长、缩小不平等状况和消灭绝对贫困，也包括社会结构、民众态度和国家制度的重要变化的多方面的过程。从本质上说，发展必须体现变化的全部内容。通过这种变化，整个社会制度顺应制度内个人和社会集团的多种多样的基本需要和愿望，从广泛被认为不满意的生活条件转变为在物质和精神两方面都被认为更好一些的生活条件和状况。”他认为：“发展既是一种物质现实，又是一种精神状态，通过社会的、经济的和制度过程的某些综合，社会取得了获得美好生活的手段。不管这种美好生活包含什么内容，所有社会的发展最少必须具备三个目标：第一，增加能够得到的诸如食物、住房、健康和保护等基本生活必需品的数量，并扩大它们的分配；第二，提高生活水平，除了更高的收入以外，还要提供更多的工作岗位和更好的教育机会，并对文化和人道主义给予更大的重视；第三，扩大个人和国家在经济和社会方面的选择范围。”

可见，经济发展不等同于经济增长，经济发展的内涵比经济增长更为广泛和丰富，它是以增长为核心的包括投入结构、产出结构、产业比重、收入分配、消费模式、社会福利、制度现代化以及文化结构等的全面进步，是一个社会的经济、文化、政治等因素共同作用的结果。长期经济增长和发展总是以技术和组织能力的增长为基础的，在每一个快速而持续增长的时代，都有新技术、新知识改变了人们的生活。目前，对于经济发展的衡量还没有一个统一的指标系统，通常采用两类综合指标系统：一类是采取生活质量指数衡量发展；另一类是采取社会、经济、政治因素相互作用的方法来衡量发展。

从经济增长与经济发展的关系来看，经济增长是手段，经济发展是目的。经济增长是经济发展的基础，经济发展是经济增长的结果。除了一些特殊情况外，一般来讲，经济增长是经济发展的基础和前提，经济增长是经济发展的必要条件，但不是充分条件。没有经济增长不可能有经济发展，但有经济增长却不一定有经济发展。因此，要促进经济发展，就不能单纯地追求产出的增长，而应在改进经济体制、产业结构、收入分配、社会福利、文教卫生、公众参与等经济环境方面的同时，实现更高的经济增长。

对于一个国家和区域而言，如何促进经济增长和经济发展，以及研究经济增长和发展的源泉和驱动力问题，一直是经济学领域研究和关注的热点。随着社会的发展和人类文明的进步，人们将更加关注经济发展问题。

经济增长研究的理论渊源可以上溯到18世纪古典经济学的著述中。亚当·斯密（Adam Smith，1776）从促进国民财富增加的角度，论证了资本积累促进经济的增长。在他所著的《国民财富的性质和原因的研究》（简称《国富论》）中明确指出，国民财富就是国家所生产的商品的总量，而劳动是财富的源泉。为了增加国民财富，一要提高在业工人的劳动生产率；二要增加生产工人的总数。由于劳动分工会提高劳动生产率，从而使经济持续增长，所以它是扩大再生产的最重要因素。其后，大卫·李嘉图（1817）的《政治经济学及赋税原理》一书中强调资本积累是经济增长的关键。这些18世纪古典经济学家对经济增长的研究都未能给出关于经济增长理论的数学模型。直到20世纪40年代前后，哈罗德和多马几乎在同一时间内发表了极为相似的长期经济增长模型。因此，主流经济学家认为哈罗德和多马的理论是现代经济增长理论出现的标志。哈罗德和多马的经济增长理论是在凯恩斯就业理论的基础上发展起来的。他们认为,扩大投资不仅能增加有效需求和国民收入,而且还能增加生产能力,由于投资来源于储蓄,所以储蓄是经济增长的一个重要因素。但是,由于哈罗德—多马模型假定资本报酬率是常数,这就间接地假定了资本和劳动在增长过程中是不能相互替代的,从而使均衡增长的条件(有保证的增长率——自然增长率——实际增长率)难以满足,即要想在充分就业条件下取得经济的稳定增长几乎是不可能的。美国经济学家索洛(R. M. Solow,1957)在仔细研究哈罗德经济增长理论之后,指出哈罗德—多马模型的问题在于它隐含了资本与劳动不可替代的假定,索洛放松了这一假定从而创立了新古典经济增长理论。新古典经济增长理论以资本边际收益递减、完全竞争经济、隐含规模收益不变和外生技术及其收益不变为其理论假设。该理论认为:当外生的技术以固定比率增长时,经济将在平衡增长路径(Balance Growth Path)上增长,人均资本存量和人均消费都以固定的增长速度增长;而当外生技术水平固定不变时,经济将趋于停滞,投资仅能补偿固定资产折旧和装备新工人。因此,技术进步被认为是经济增长的主要动力,从长期增长来看,可称之为唯一的动力。新古典经济增长理论的另一个重要假设是各个国家有相同的机会得到同样的技术,因而各国间没有技术水平的区别。该理论由此得出结论:各个相互独立的国家有很强的使经济发展水平和增长率趋于一致的倾向,在各国间要素可自由流动的情况下,更将增强这一趋势。新古典增长理论的局限性在于它假设技术进步是外生的,并无法解释世界各国人均收入水平的差异和实际人均 GNP 增长率的差异。根据新古典增长理论,低收入国家经济增长要快于高收入国家。但是,世界各国的经济发展现实并不能证实新古典增长理论的这一结论。

在 20 世纪 80 年代中后期,以罗默(1986)的《收益递增和长期增长》与卢卡斯(1988)的《论经济发展的机制》这两篇里程碑式的论文为标志,新经济增长理论(又称内生经济增长理论)将技术这一变量引入增长模型,指出技术是内在的、对资本与劳动直接产生作用的重要变量。罗默认为,生产要素的收益问题是影响经济增长的一个重要因素,新古典增长理论关于边际收益递减的假设是导致其失败的根本原因。因此,在他提出的增长模型中放弃了这一假设,在罗默的经济增长模型中,特殊的知识和专业化的人力资本是经济增长的主要因素,它们不仅能形成自身递增的收益,而且能使资本和劳动等要素投入也产生递增收益,从而使整个经济的规模收益递增,递增的收益保证着长期经济增长。卢卡斯的建模思想和罗默稍有不同,他的增长模型以人力资本为核心,把资本划分为物质资本和人力资本两种。卢卡斯增长理论的一个新贡献是区分了人力资本的两种效应:内在效应和外在效应。内在效应是指人力资本只影响本人的劳动生产率，外在效应是指人力资本对其他人劳动生产率的影响。他认为，正是各国在人力资本方面的差异，导致了各国的收入和经济增长率方面的差异。

在罗默和卢卡斯模型的基础上，20 世纪 90 年代以来又出现了许多经济增长模型，补充和完善了罗默和卢卡斯的理论。美国经济学家道格拉斯·C.诺斯(1989)系统分析了制度变迁对经济增长的决定性作用，认为“有效率的经济组织是经济增长的关键”，以诺斯为代表的新制度经济学家建立了一个包括产权理论、国家理论和意识形态理论在内的制度变迁理论。由此看来，技术进步、人力资本积累的水平和制度因素是影响经济增长的三个十分重要的因素。

经济增长理论的最新发展反映了当前世界经济发展状况，揭示对发展中国家和地区具有重要启发意义的规律：一个国家长期经济增长的决定因素或源泉是知识、人力资本积累和制度这样一些内生因素，而不是资源数量和人口数量这样一些外生因素。长期经济增长的大部分不是来自劳动和物质资本数量的增加，而主要是来自知识、人力资本积累水平的提高以及有效率的制度。经济增长是由社会经济系统综合决定的，不是由简单的某个因素决定的，经济增长最终取决于社会经济系统的高级化运动，包括知识、技术、人才、制度等要素的创新已经成为不断提高社会经济系统高级化运动的重要驱动力。

从经济增长与发展理论的变化轨迹来看，人类对于经济增长和经济增长方式的认识在逐渐深化。古典经济增长理论从突出劳动与资本的重要性到进一步突出资本积累是经济增长的决定性作用；新古典经济增长理论把技术进步解释为经济增长的外生因素，新经济增长理论接受了新古典经济增长理论的分析方法，更加强调以人的素质为中心的知识、技术和人力资本的积累，将技术、知识等核心要素由经济增长的外生变量转向内生变量。这一变化轨迹反映了经济增长理论取得的阶段性进展，也正是人类社会经济增长实践的基本现实写照。在当今人类社会由工业化迈向知识化的进程中，对经济增长源泉和动力结构的认识正在沿着经济增长与发展理论开辟的研究路径进一步深化。特别是强调内生经济增长的新经济增长理论，已成为区域创新和知识经济的理论基础。

区域经济发展作为中观意义上的经济发展问题，受整个国家和区域经济增长方式的影响和制约，也可以说是国家整体经济增长方式的一种地域表现。区域经济增长在遵循一般的经济增长理论的同时，有其特殊性，这部分内容将在后面章节涉及并讨论。研究区域经济增长和发展的驱动力或源泉问题，也应从经济增长的一般理论中寻找理论支撑，特别是强调创新作用的新经济增长理论为本书研究提供了坚实的理论基础和依据。

(三) 现代系统理论

现代系统论是关于对象的系统存在、系统关系及其规律的科学,其基本特征是不把事物过程看做是实物个体现象的简单堆积,而是把它看做是系统的存在。通过对系统内外的相关性和定量化研究,深入认识世界。学习和掌握现代系统论的整体性、反馈性、有序性以及协同性等一系列基本原则,借鉴现代系统论中的自组织理论、耗散结构理论、超循环理论、协同学、混沌学等系统理论的基本观点和方法,对于区域科技资源使用的系统的建立和完善,提高区域科技资源的使用效率将起到积极的指导作用。

1. 区域科技资源使用的整体性原理

整体性原理的基本含义是指:系统是其构成诸要素的有机整体而非简单相加:系统的性质、功能与运动规律不同于它的各构成要素在独立状态下的性质、功能与运动规律;作为系统整体的构成要素的性质和功能也不同于它们在独立状况时的性质与功能。另外,对系统的某个具体功能来说,由于系统结构和协同作用等情况的不同,即系统对具体功能既可放大也可缩小或既不放大也不缩小。这一点对于充分发挥某一类型区域科技资源的具体功能极具启发意义。区域科技资源是包括区域科技人力资源、区域科技财力资源以及区域科技基础条件资源在内的科技资源综合系统,整体性原理要求科技资源的使用必须综合考虑各类科技资源的功能以发挥其协同作用。

首先,区域科技创新系统的建设以及区域科技竞争力的发展均建立在区域科技资源的整体水平以及绩效的基础之上,单单凭借区域科技人力资源、科技财力资源或者基础条件资源,上述目标均无法实现。比如,仅仅存在区域科技人力资源,而缺少设备、信息等资源,则在科技人力资源中将存在“巧妇难为无米之炊”的局面,同样如果缺少科技财力资源的支撑,科技人力资源的工作热情、创造性思维以及主观能动性将难以转化为实际生产力;当投入过多的财力资源以及基础条件资源时,如果缺乏对科技人力资源的有效培养、选拔以及激励时,亦即缺少科技人力资源的有效参与时,财力资源与基础条件资源将被大量闲置和浪费。由此可见,科技资源的正确使用依赖于各类科技资源的共同作用。除此之外,在区域科技资源的使用过程中如果缺乏对各类科技资源的整体有效搭配,则同样会引起资源的浪费与低效,其基本准则在于各类资源的边际效用之比正好等于各类科技资源的价格比。

其次,基础研究与应用研究对于地区科技竞争力的发展均具有重要影响,然而区域科技资源的使用均缺乏对两类研究的整体性考虑。在某些区域,因为过度强调研究的经济价值而在科技资源使用中强调或偏重于应用研究,通过“短、平、快”的研究项目获取了一定的经济利益，却忽略了对原理、规律等原创性基础研究工作的开展，使得科技创新能力缺乏持久性和长远性；或者过度偏重于基础性研究，投入了大量的科技人力资源、财力资源以及基础条件资源等而未考虑这些基础性研究的应用前景、实际价值以及可能的现实转换能力，等等。虽然文章、书籍、专利等从基础研究中所获得的成果举不胜举，甚至可以轻而易举地通过专家评审或获得奖项，然而却难以指导科技发展实践。以上两种极端情况，均属于缺乏对科技资源使用的整体性考虑。只有基础研究中科技资源使用与应用研究中科技资源使用相互协调、相互促进，才能保证科技资源的有效使用。

再次，区域科技创新系统与国家科技创新系统是相辅相成的，区域科技创新系统属于国家科技创新系统的一个子系统。因此，尽管区域科技资源使用的首要出发点即在于必须满足区域科技发展的要求，但从整体性的原理出发，区域科技资源必须具有双向服务功能，即其必须融入国家科技创新系统的建设中去，从大局出发，同时亦必须在此基础上努力建设区域科技创新系统建设并发展区域科技竞争力。目前，区域科技资源主要集中于科研机构、大专院校，企业科技资源的使用多借助于“外脑”而并未成为科技创新的主体以及科技资源的主要使用者；另外，区域科技资源多用于区域的优势、特色产业、重点学科等领域，相反，其他前景并不明朗的产业、学科等则较少使用科技资源，从而出现了弱势愈弱的局面。因此，从整体性的原理进行考虑，区域科技资源的使用必须考虑国家与区域、优势与弱势、科技院所与企业之间的平衡关系。

2. 区域科技资源使用的反馈性原理

反馈性原理的基本内容是：任何系统只有通过反馈信息，才有可能实现控制，即没有反馈信息的系统，要实现控制是不可能的。研究系统的方式主要有三种：内部研究，即要素—结构研究；外部研究，即结构—功能研究；过程研究，即信息—控制—反馈研究。整体性原理实际上概括了内部研究和外部研究这两种方式，并要求把这两种方式结合起来。而区域科技资源使用中的反馈性原理则要求用过程研究的方式来考察区域科技资源使用。过程研究方式主要包括三个具体的研究方法，即信息方法、控制方法和反馈方法。信息方法就是把系统看做是借助于信息的获取、传递、加工处理和输出而达到目的的一种具有运动过程的方法。它不研究系统的物的方面和能量的方面，也不研究系统的具体运动形态，只研究系统的信息。控制方法是为了保证信息过程的畅通有效，对系统施加控制作用，以保证系统达到预定的目的或目标。反馈方法是建立控制部分与受控部分之间、系统与环境之间的双向通信流，以纠正误差，保证控制有效。所以，信息—控制—反馈方法是统一的过程研究方法。也就是说，系统是一个信息过程，为了保证信息过程正常有效运行，就需要控制和反馈。区域科技资源使用的反馈性原理主要体现为如下几个方面：

首先，部分区域对其科技资源的使用表现为“摧残式”、“掠夺式”、“非持续式”使用，其原因在于区域科技资源具有一定的准公共资源的特性，因此同样存在着“公共资源悲剧”的类似问题。例如，在现行的科技体制下，对于科研院所、大专院校等的科技实力评估中科研经费为一重要考核指标，诸多教师、科研人员肩负教学与科研的双重任务，因此为应付科研任务的考核，教师、科研人员等将其多数精力投入到跑课题、拉课题中，而其本身的科研能力以及创新意识并没有得到发挥。与此同时，真正具有“真才实料”、科研能力较强、学术水平较高的科研人员往往因为缺乏必要的社会关系网络以及人际沟通水平而得不到课题，而使得其发展受到限制与束缚。以上情况即为现行科技管理体制以及科技资源使用中的误区之一。从区域科技资源使用的反馈性原理出发，这一问题的症结在于正确对待科研人员的使命与职能，建立公平、公正、公开的评估机制，对于科研人员的“使用”，必须以科研人员的理性表现以及是否在科研中得到足够的锻炼和成长为前提，即必须考虑对科研人员使用情况的反馈。

同样，对于区域科技基础条件资源，其对于其他资源的使用具有重要的辅助与服务功能，因此，在科技资源的使用过程中对于科技基础条件资源需要不断地维护和完善，以防止该类资源被过度使用而消耗殆尽，即同样必须考虑科技基础条件资源使用过程中的反馈性。

其次，目前对于区域科技财力资源的使用多以财政拨付或以课题经费的形式下放，在此过程中，对于科技财力资源使用的考核同样需要考虑其反馈性。第一，课题的申请与投标以及审批过程中均可能存在经费支配者与经费使用者的“寻租”行为，这一问题在上节中已做分析，这里不再赘述。第二，科技财力资源使用的一个重要反馈性即在于科技财力资源使用是否合情合理，即科研经费是否投入科研工作的必要支出，如设备的购置、差旅费用以及科研人员的酬劳等，对于这一过程的反馈性可以借助于科研经费的有效管理以及报销流程的监控与审计来完成。第三，科技财力资源使用的另外一个重要反馈性即科技财力资源的使用是否是卓有成效的，即与科技财力资源产出相对应的科技成果是否具有前瞻性、实用性以及开拓性。

基于以上考虑，区域科技资源的使用必须从以下几个方面加以考虑：(1) 更新科技成果转化观念。重新认识高校以及科研院所的社会职能；树立市场导向观念，克服单纯技术观点；树立科学研究和成果转化同等重要的观念，深化科技体制机制创新。(2) 引入竞争机制，鼓励支持应用型科研机构与企业联合或直接兴办科技企业；建立有利于科技成果转化的激励机制；深化高校以及科研院所内部科研体制和人事制度改革，促进科技成果转化的良性循环。(3) 注重科技成果转化时效。科技成果拥有者必须正视社会需求，向应用开发倾斜，明确科技成果只有通过转化，才能实现其价值；加强对科技中试环节的管理以及中试基地建设，不要一味强调自身的利益，而忽视了科技成果的时效性，从而丧失科技成果转化的最佳时机。(4) 加大科技成果转化投入。政府要切实加大对高校科技成果转化的投入力度，特别是要提高投入经费的使用效益，对具有市场前景和经济效益的项目要集中资金给予重点支持，同时积极构建包括外资和民间资本在内的科技成果转化的投融资平台。

3. 区域科技资源使用的有序性原理

现代系统论的自组织理论认为，任何系统在一定的条件下能够自发、自动、自主地从有序程度比较低、比较简单的系统演化到有序程度比较高、比较复杂的系统。系统自组织的内部机制是系统内各要素之间的非线性相互作用，它表现为自催化、交叉催化、超循环等形式。在系统的形成、存在和发展过程中，诸要素之间通过竞争与协同，使系统的内部结构得到调整，外部功能得到加强，形成协同整合的超循环组织，实现系统的自组织运动。在这个过程中，协同的作用比之竞争更具有根本的和决定性的意义。有序性原理的基本内容为：一个系统如果是封闭的，即与外界无信息交流，那么随着过程的发展，必然结构劣化、功能衰退，从而系统将会逐渐趋于无序；若要使系统向有序化方向发展，那么该系统就必须是一个开放系统。此外，要形成系统的整体协同运动，即系统有序，还必须具备两个条件：(1) 系统内部各要素之间的有机联系、协作与配合，以及系统与外部环境的有机联结、适应和协调。(2)系统要有一个强有力的整体吸引力，把系统各要素有力地引向同一方向、同一目的。如果系统功能耦合，协同谐振，那么就有功能放大作用，形成整体大于部分之和的整体优化功能，使整体协同运动规律的优化效能得到最佳发挥。

根据有序性原理，区域科技资源的使用系统首先应是一个开放系统，即要与外界有信息交流。就是说，要把区域科技资源放在更大背景(如区域科技创新系统、国家科技创新系统等)中进行考虑，这里有三层含义：区域科技资源使用系统本身应与外界进行交流，作为该系统的构成要素，各类区域科技资源应与外界充分交流。区域科技资源的所有者、使用者以及载体也应与外界进行交流。区域科技资源使用开放式系统的建立，可以充分发挥科技资源的能动性、创造性与适应性,具体表现为:首先,与外界的充分接触,有利于市场意识以及竞争机制的引入,从而使得区域科技资源能够与时俱进,不断推陈出新,同时能够与外部环境与市场需要保持一定的适应性。其次,与外界的充分接触,有利于科技人力资源在接触中学习新的知识,以实现科技资源的合理流动。以科技人力为例,用强制办法,例如精简人员、减少基础性研究人员,这些不是提高科技人力资源使用效率的良策,关键在于在开放式系统中使得科技人力资源合理流动起来,在流动中提高其使用效率,比如科研院所如何将科研项目这种组织形式与客座研究人员的流动结合起来。德国的马普学会在这方面具有值得借鉴的经验。事实上,我国近年来各国家重点实验室也积累了一定的经验,其实行"开放、流动、联合"的运行机制以及人员流动与科研项目相结合的投入方式,广泛吸引国内外客座研究人员在实验室进行课题研究,取得了显著成效,值得进一步推广。

根据有序性原理,区域科技资源的使用系统应该鼓励"引进来"和"走出去"的思维,即区域科技资源的使用不应该是封闭的系统,其既要参与区域之间科技竞争力的有序竞争,以使社会充满生机活力,保持一种积极向上的发展态势,同时更应该加强区域之间的合作与交流,从而扩大科技资源的使用边界。区域科技资源共同服务于国家创新系统,共同区域之间科技资源的合作交流既可以避免科技资源的重复建设,同时亦可以通过区域之间的科技资源共享平台提高资源使用效率,促进区域之间的双赢共生、互惠互利、和谐相处以及共同发展。除此之外,开放式的区域科技资源使用系统减少了科技资源的浪费,同时应有利于区域特色与优势科技资源的培育。

(四) 资源基础理论

资源基础理论作为战略管理理论的一个最新发展方向,其核心问题是研究企业之间为何会存在绩效差异以及企业如何利用资源的异质性来建立和维持竞争优势。该理论是 Wernefelt (1984)在其经典论文《企业资源基础论》中首次完整表述的,它不同于战略理论中处于主流地位的迈克尔·波特的竞争优势外生论。波特的竞争战略认为,企业的竞争优势是外在于企业的,是由外部市场中的竞争关系和市场机会所决定的。资源基础理论以企业资源的异质性为理论基础,企业被假定为难以模仿的资源集合体,是一系列资源和能力构成的资源组合的有机体,企业的长期竞争优势源自于企业所拥有和控制的那些具有难以模仿、难以交易等特征的特殊资源,尤其是异质性资源。外部的市场结构和市场机会对企业的竞争优势虽然也产生一定的影响,但它们并不是决定性因素。而有价值的、稀缺的、不可完全模仿、不可完全替代的资源才真正构成了企业持续竞争优势之源。因此,企业成长战略的选择过程是内生性的,并且表现出路径依赖的特征。

在经济学历史上,企业资源基础理论的起源可以追溯到1776年古典经济学家亚当·斯密在《国富论》中提出的劳动分工理论。根据这种理论,企业内部分工的性质和程度是限制规模经济效益的主要因素,从而决定了企业成长的规模界限。在此基础上,Alfred Marshall在1920年创立了"企业内在成长论"。随后,在20世纪50年代和60年代,Penrose(1959)通过深入研究,从"企业内部知识积累"方面进一步完善了这一理论,认为企业的功能在于获取和组织人力和非人力资源以赢利为目的向市场提供产品和服务。

20世纪80年代以后,资源基础理论是在Penrose理论的基础上,经过Wernefelt、Barney、Hrebiniak等人的发展而形成。Wernefelt (1984)从内部资源的角度,分析和解释了某些企业成功的原因。Barney (1986)的研究结果显示,企业所具有的资源和能力是企业保持产品差异性的主要原因。Barney (1991)进而认为,保持企业可持续竞争优势的资源应该具有稀缺性、价值性、不易模仿性和不可替代等特征。Hrebiniak 等(1985)认为,组织决策的有效性是组织结构、决策过程和外部环境的函数。企业不仅要适应外部环境的变化,而且还要努力地突破外部因素的约束,以便使企业始终处于有利的竞争地位。

资源基础理论成为战略领域中一种流行视角是近几年的事(Barney, 1991)。资源基础观的基本前提是,一个健全的企业战略应以企业资源、竞争力与能力为基础,形成超过对手的竞争优势。通过发展以及资源与能力的开发建立竞争优势,已经成为企业战略模式的重要目标。资源基础观扩展了战略联盟的理论。对于每一项能够导致竞争优势的企业战略来说,没有哪个企业总是拥有所有必需的资源、能力与竞争力。

Wernefelt(1984)提出了企业内部资源是企业获取竞争优势的关键。Barney(1991)进一步探讨了赢得企业竞争优势的战略资源特性:(1) 有价值;(2) 稀缺性;(3) 不完全模仿;(4) 不可替代性。Rumelt(1991)认为独特资源之所以为企业赢得竞争优势,主要是因为特殊资源产生了一种隔离机制,使其他企业难以模仿和难以替代。这类隔离机制通常包括信息不对称、原因不明、声誉、搜寻成本,等等。正是这种隔离机制存在,企业获取了超额利润和竞争优势。Derickx & Cool(1989)提出了企业内各种资产的整合是企业持续竞争优势的关键这一观点。他们分析,并非所有的要素都可在公开市场上交易,如产权未明确界定的资源、商誉、信任及高度专有性的资产等。因此,他们指出战略资产由于时间压力的非经济性"资产累积的效率"、"资产存量协同性"、

“资产销蚀性”等因素可以产生持续竞争优势。Derickx & Cool 认为战略资产存量中的独特资源是形成企业持续竞争优势的关键。

综上，在资源基础观的视角之下，企业要保持竞争优势必须要以资源为基础。对于区域创新系统内的创新主体而言，无论是企业，还是科研机构，都必须获得必备的资源。尤其是企业的技术创新活动实际上就是对创新资源的开发与利用，单纯靠一个企业自身的实力来获取创新资源要面对很高的成本和不确定性，这对于企业创新来说是十分不利的。按照资源基础观的理论，如何通过研究区域创新系统内的资源配置效率变化特征和创新机制，进而提高区域创新系统综合创新绩效，则成为解决区域创新系统的创新主体所遇到的资源约束的重要课题。

（五）人力资本理论

人力资本理论是区域创新系统人力资源配置研究的重要依据。此部分主要阐述有关人力资本的理论框架，为后面的研究分析奠定良好的理论基础。

在以往的经济理论研究中，人被视为一种单纯由先天的自然条件形成的禀赋。人力与土地等自然资源一样，被视为一种“均质”的、“外生”的生产要素，只有在其作为经济过程产出的物质资本品或生产工具时才被视为“内生性”生产要素。但在面对诸如经济增长“余差”、个人收入分配不均等新情况和新问题时，传统的经济理论却难以解释。在 20 世纪 60 年代，人力资本理论在传统资本理论受到挑战的背景下产生。

人力资本理论认为，人力是社会进步的决定因素，是由知识和技能形成的投资结果。该理论认为人的能力具有“内生性”和“外生性”，将人力资本定义为其是通过人力资源通过投资于教育、培训、健康等方面而形成，体现于人身上的“非物质资本”的资本形式。人力资本具有资本和复杂劳动力的双重属性，并提出了人力资本理论的核心内容——人力资本投资的基本原理。

1. 人力资本投资

人力资本投资的基本原理，是现代人力资本理论中的核心内容，它将人力资本的概念运用于各个相关领域分析的基础。所谓人力资本投资，是指为提高人力资本自身智力、体力以及其他各方面素质而进行的投资活动。投资主体有个人、企业和政府。投资形式有以下几个主要方面：保健投资，通过对医疗、卫生、营养、保健等项服务进行投资来恢复维持或提高人的健康水平，进而提高人的生产能力；教育投资，是以一定的成本支出为代价来获得，在各种正规的学校里系统地接受初等、中等、高等文化知识教育机会的智力活动；职业培训，又称非正规教育投资，是指在正式学校以外由企业或其他机构为职工提高生产技术、学习和掌握新技能而举办和提供的教育与培训；人力迁移投资，是指通过花费一定的成本支出来实现人口与劳动力在地域间或产业间的迁移与流动，变更就业机会，以便更好地满足人们自身的偏好，创造更高的收入；信息投资，是指通过花费一定的成本来获取有关商品价格、就业机会等市场经济活动中的信息，以实现主体经济决策最优化的行为。与物质资本投资相比，人力资本投资呈现出以下几个特点：由于人力资本投资的基本功能在于开发和积累人的智能、技能和体能，这意味着人力资本投资的概念和外延有较大的拓展空间；人力资本的形成期较长，投资收效期长，并存在着一定的不确定风险；人力资本投资的流动性和抵押性较差；人力资本的折旧方式不是均匀提取的，而是随着人的生命周期的变化而变化的，如人力资本的折旧补偿一部分是以收入的形式进入个人的年收入中，另一部分则集中体现在个人养老金的发放上；在人力资本投资中，无论在成本支出中，还是投资收益中，都包含着某些无法直接用货币来计量的成分。

2. 人力资本分类

人力资本是由许多不同的资本形态所构成，且具有无限的差异性和多种类型。根据人力资本的异能性大致可分为三大类：一般型人力资本、专业型人力资本、创新型人力资本。一般型人力资本，是指承载者具有社会平均的知识和一般的分析能力、计算能力、学习能力和适应能力，对应的社会角色则是普通的劳动者。专业型人力资本，是指承载者具有某项特殊的专业知识和专业能力，对应的社会角色一般都接受过正规的专业知识教育或职业培训。它包括下面两类：技术型人力资本，指承载者具有在给定的技术条件下，加工生产特定物品或完成特定工作的专业技能，对应的社会角色大致是技术专业人员；管理型人力资本，指承载者具有在给定制度条件下，对各种资源进行协调、配置、组合的能力，对应的社会角色大致是管理专业人员。创新型人力资本，是指承载者具有社会稀缺的创新能力，即发现市场非均衡，使市场恢复均衡的能力。他们的创新活动，往往能突破既定的技术或制度的“瓶颈”约束，并能引起企业生产可能性边界外移或生产函数的上移。创新型人力资本可以分为战略创新型人力资本、制度创新型人力资本和技术创新型人力资本。战略创新型人力资本，是指承载者具有改变企业整体行为、活动方向或运行轨道，从而构建新的生产函数的创新能力，对应的社会角色大致是企业家；制度创新型人力资本，是承载者具有变革企业管理制度，从而使同样价值的生产要素组合并能带来更大产出的创新能力，所对应的社会角色大致是管理创新人员；技术创新型人力资本,是承载者具有提高企业技术水平,从而使技术可能性边界外移的创新能力,所对应的社会角色大致是技术创新人员。

3. 技术创新型人力资本投资方式

企业人力资本是指企业为了生存与发展的需要,通过教育、培训、人力保健以及“干中学”等方式而形成的,凝结于企业职员群体,具有产生未来收益的知识、技能、体能和经验等因素的总和①。在企业技术创新过程中,对企业技术创新型人力资本投资主要体现在教育投资和职业培训。所谓教育投资是以一定的成本支出为代价来获得在各种正规的学校里系统地接受初等、中等、高等文化教育的机会。正规教育主要通过提高受教育者技能、改善受教育者的认知能力和判断能力、培养受教育者的发明创造能力、传授先进文明的价值观念等四个方面来提高受教育者的人力资本水平。所谓职业培训,又称非正规教育,是指在正式的学校以外由企业或其他机构为职工提高生产技术、学习和掌握新技能而举办和提供的教育与培训。此类投资更贴近于生产实践,侧重于实际生产知识与操作技能的培养和提高。职业培训作为非正规教育,与学校里的正规教育呈互补关系。后者侧重于基础性知识与能力的传授,前者侧重于应用性知识与能力的结合;后者主要集中在人的一生中前期较短的时期中进行,前者则集中于人生的后期较长的一段时期。因此,在企业技术创新周期中,针对技术创新型人力资本的投资增值方式应是以职业培训为主。而在职业培训中,按照培训的技术内容又可具体分为一般培训和特殊培训。所谓一般培训指的是受培训者从培训中所获得的技术知识与生产技能具有通用性,不仅适用于本企业,而且也适用于其他企业。所谓特殊培训,指的是为受培训者提供仅仅适用于本企业的某种专门技术知识与操作技能的各种培训,这些知识与技能具有很强的专用性,除了特定的企业、部门外,其他企业或部门难以或无法应用。

可见,有关人力资源对技术创新作用的研究方面,尤其是对区域创新系统的研究方面,大多都是笼统地承认人力资本的作用,很少有学者把人力资本作为独立的解释变量,研究其和财力等其他资源对区域创新系统产出各个维度的影响,这为本书研究区域创新系统的创新机制留下了值得探索的空间。

---

① Edward W. Rogers, Patrick M. Wright. Measuring Organizational Performance in Strategic Human Resource Management: Problems, Prospects, and Performance Information Markets. *Human Resource Management Review*, 1998, 8(3): 312-331.

三、文献综述

(一) 区域创新系统的概念及特征研究

1. 区域创新系统的概念

区域创新系统(Regional Innovation System,RIS)的研究是建立在国家创新系统研究的基础之上的,从20世纪90年代起,很多学者就开始研究创新与区域经济发展的互动影响。

1990年,英国学者库克(Cooke)就在其与莫根(Morgan)的题为《通过网络化进行学习:区域创新及巴登—符腾堡的教训》的研究报告中,提出了"区域创新系统"的概念,并在其1996年主编的《区域创新系统:全球化背景下区域政府管理的作用》一书中,对区域创新系统的理论与实证研究进行了详细阐述。为规范研究,从而形成轨迹,Cooke等(1997)指出区域的定义有两种:第一种类似于国家的概念,是那些分享共同文化、语言的人们和领土联合而成,我们把那些不在一个州内、具有不同政府机构的形式称之为"文化区域",例如Scotland。第二种是有着独立主权的国家与国家之间形成的区域,虽然他们有着不同的文化背景和政治结构,但是他们也制定了共同的行动纲领。例如Australia和Germany等欧盟国家。总之,区域是沿着文化、经济以及政治的不同轨道而形成的。

随着区域创新理论及其在实践中的应用,很多学者都在特定的创新区域的创新实践基础上建立了区域创新理论。典型的研究成果包括:Corrigan(1992)对莱茵—阿尔卑斯地区的研究;Hassink(1992)对巴登—符腾堡及英格兰东北部地区的研究;Saxsonian(1994)对美国硅谷和128号公路地区的研究;Asheim和Dunford(1997)对欧洲区域未来发展的研究;以及卡西奥拉托(Cassiolato)(1999)在对拉丁美洲国家创新系统研究过程中作出关于国家、区域、地方创新系统的关系的论述。

国内关于区域创新系统的研究开始于20世纪90年代中期,王辑慈教授在其题为《硅谷和128公路的对比看高技术产业创新力的保持》(1996)的文章中对有关区域创新系统的基本概念和基本理论进行了引进和评价,并在其著作《创新的空间——企业集群与区域发展》(2001)中阐述,区域创新系统与区域经济发展的关系以及企业集群化发展。冯之浚教授(1999)在《国家创新系统的理论与政策》一书中指出,区域创新系统的建设是国家创新系统建设的基础和重要内容，区域创新系统对地区经济发展起到重要作用。苗长虹(1999)认为区域创新理论的研究应包括一个区域的经济振兴、新产业区的形成、地方环境和创新能力的培育等方面。盖文启(2002)从网络系统方面指出企业、大学或研究机构、政府、中介机构以及区域金融机构等是区域创新网络中的结点，企业创新网络中活动的发生与完成是一个由各个结点协同创新的群体活动与分散决策过程。

总结以上对于区域创新系统的讨论，主要围绕三个方面：一是RIS与NIS的关系；二是都承认区域创新系统是有一定的地理空间范围，受到一定的行政区域和经济地域的影响；三是区域创新系统是由许多创新的要素组成的，创新要素按一定规律集聚与扩散是区域创新系统发展的动力。

2. 区域创新系统的特征

区域创新既涵盖区域的技术创新，又涵盖区域的科学创新，并从科学与技术的互动关系上来把握区域的科学技术创新。所谓区域创新是指依托区域科学技术创新实力，有效地利用区域创新系统资源，协调区际(国际)间的科技合作与竞争，实现区域内科技创新资源(人力、财力)的高效配置与结构优化，促进区域创新系统活动的广泛开展和创新成果的应用、推广及普及，从而创造和发展区域的竞争优势。其目的是为保证区域经济安全与社会发展服务。区域创新系统是区域科学与技术组织、高校、企业相互作用，并且共同发展的网络。这种创新系统不仅具有系统的主要特征，而且是开放的；既有与国家科技创新系统对应的结构与功能，又有区域系统自身的特点与特色，承担着把高新科学与技术内化为区域经济发展的自变量、促进区域产业结构的调整与现代化，从而保证区域经济与社会的可持续发展的任务。

区域创新系统作为一种特殊的区域创新系统，它是连接企业技术创新系统和国家创新系统的中间环节，具有开放性技术经济系统的一般形成特性，即层次性、耗散性、开放性、涨落性等特征。深刻认识和了解区域创新系统的这些特征，对于我们提出和实现创新目标，提高区域技术创新能力都具有重要作用。

(1) 区域创新系统的层次性特征

任何系统依据纵的方向都可以划分为若干层次，其中下一层次是上一层次的有机组成部分。区域创新系统具有层次性，任何一个区域创新系统都有若干个层次的子系统构成，各个子系统形成由简单到复杂、由低级到高级的等级序列。例如吉林省区域创新系统会涉及这样三个层次：吉林省区域创新系统→区域一级技术创新子系统→经济技术开发区二级技术创新子系统→经济技术开发区内企业集群等三级创新子系统，如图 2-1 所示。每一层次的创新系统均由企业、高校、科研机构、中介机构、政府等要素构成。这些要素联结成竞争性与协作性创新的网络。

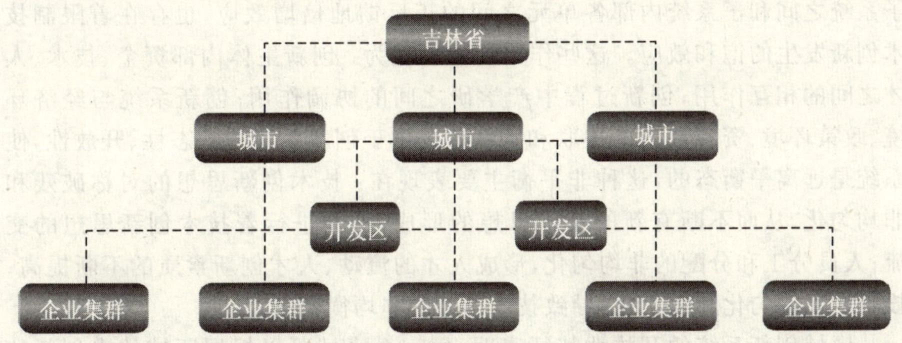

图 2-1　吉林省区域创新系统的层次结构

(2) 区域创新系统的耗散结构特征

一个系统的要素按彼此的相关性、协同性或某种默契形成特定结构与功能的过程称为自组织，它是复杂的、自身演化发展的系统。在给定环境中，自组织机制能够把诸要素托到振荡点，具有使要素自我发展、自我扩张的功能，通过要素间相互作用而形成有序结构。比利时学者普里高律将自组织系统称作耗散结构。

耗散结构理论指出，一个远离平衡的开放系统可以通过不断地与外界交换物质、能量和信息，在外界条件变化达到一定熵值时，从原有的无序状态，转变为一种时空上或功能上的有序状态。耗散结构就是指这种在远离平衡条件下所形成的新的有序结构。耗散结构理论揭示出，只要具备一定的条件，远离平衡的开放系统出现耗散结构即发生自组织是必然的，而不是偶然的。

区域创新系统的形成，一开始就是处于不断变化的市场需求、不确定性的技术创新客体与创新手段等组成的外界环境之中，外界环境必然对创新系统内部诸要素施加影响，迫使技术创新系统不得不与外界环境不断地进行交流，促使其处于远离平衡状态。此外，创新系统内部各主体能动性的不断发挥，也将不断地打破已形成的平衡状态而使之处于远离平衡状态。

(3) 区域创新系统的开放性特征

从系统理论的角度来看，只有开放系统才能与外界进行物质能量的交换，才有可能从外界流入足够大的负熵流，才能降低自身的熵值，保证系统的有序性，增强系统的整体功能。区域创新系统和其他系统一样是一个开放系统，与外界环境之间存在输入、输出关系，存在着一个不断发展和进化地演变过程。

区域创新系统的边界是开放的，其开放程度是决定区域创新系统能否与外界环境进行交流的关键。在创新系统内存在着人才、信息、资本的输入和技术产品的输出,没有这些流动,就不会有技术创新的成功。创新系统中存在着子系统之间和子系统内部各单元之间的正反馈地倍增效应,也存在着限制技术创新发生的饱和效应。这些作用具体表现为:创新主体内部资金、技术、人才之间的相互作用;创新过程中产学研之间的协调作用;创新系统与经济环境、政策环境、资源环境的关联和互动等。由于创新系统的动态性、开放性,使系统是远离平衡态的,这种非平衡主要表现在:技术创新思想的对称破残和非均匀化,从而不断有新的技术思想的形成,不断进行着技术创新思想的交流;人员分工和分配的非均匀化,形成人才的流动、人才创新素质的不断提高;投资的非均匀化和多元化,导致技术创新的非均衡变动。

区域创新系统的开放性特征表明,每一个区域可以根据区域技术创新的需要和目标来调动和吸收外界的创新资源,从而完善内部的创新结构,同时还可以改造外部环境,创造出更加适合的生存条件(见图 2-2)。

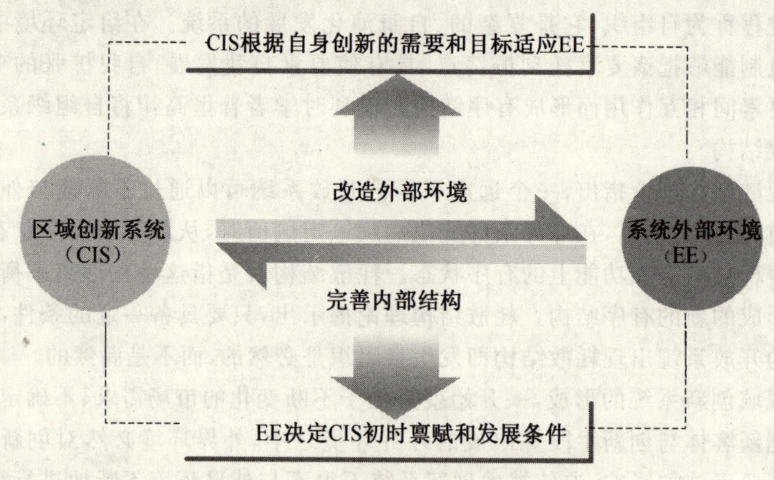

图 2-2 区域创新系统与外部环境的关系

因而,完善的区域创新系统,应该是区域内在资源和外界环境两者的有机结合。为此,我们可以引入区域技术创新空间的概念,把与区域内部的技术创新系统联系的,区域可以有效地组织和调用的外部创新资源的集合称为区域技术创新空间,它揭示了区域内部技术创新系统、外部创新资源的联系。对于多数区域来说,要完成高水平的技术创新,单靠自身的能力和要素是难以实现的,它们必须善于组织和借助区域创新系统之外的创新资源,以弥补区域本身创新能力的不足。正是由于区域技术创新系统的开放性和动态性,使得它能够不断地与外界进行信息、物质、能量的交流，推动区域技术创新能力不断地向更高水平发展。

(4) 区域创新系统的涨落特征

涨落是对既定的宏观状态的偏离。系统从无序向有序转化是通过随机涨落实现的。在远离平衡态的非线性区，由于系统的失稳，通过涨落的驱动，使系统打破旧的结构，进入新的结构。新结构本质上是一种涨落的放大，这种被放大的涨落通过与外界变换能力而稳定下来。因此，涨落是促使系统从不稳定的状态跃迁到一个新的稳定有序状态的积极因素，是形成新的稳定有序的杠杆。

区域创新系统所包括的从设想的产生、研究、开放、商业化生产到市场应用形成产业的创新链的几个过程都存在着涨落的现象。这些涨落引起技术创新的产生、发展及扩散，通过非线性机制作用，使原有的技术系统发生进化，产生出具有新的更高有序态的技术系统的形式。因此，技术创新中的涨落成为区域技术创新系统的动力因素。

导致技术创新的涨落因素可以分为两类：一类来源于外部环境的外源动力，如科学进步、社会需求、市场竞争、人才、投资等；另一类来源于内部要求的内源动力，它包括创新主体地创新意识、企业和创新机构对经济利润最大化的追求等。

(5) 区域创新系统的全息特征

全息性是从系统结构模式上来把握区域创新系统的特征。区域创新系统结构模式与国家科技创新结构模式相似，它是国家科技创新结构模式的成比例的缩小，或是整体的一个缩影。它说明了区域创新系统与国家科技创新系统的同构性。“全息”只是相似，并非绝对等同。所以，从系统结构模式来看，区域创新系统在结构模式上与国家科技创新结构模式是相似的，体现了部分与整体的全息辩证关系。

(6) 区域创新系统的中观特征

这是从系统层次关系上来把握区域创新系统的特征。区域创新系统对上而言是一个局部，对下则是一个全局。它的创新决策从属于国家宏观创新职能与政策的控制，对其下属众多的部门与企业具有因地制宜的全局导向作用。所以，在一个国家的创新纵向链条中，它是承上启下的中间媒介和中端调控系统，发挥居间的中间联系与协调作用。我们不能笼统地强调区域创新系统的宏观调控，就中观而言，它既有对国家的局部服从性，又有区域的相对独立性。它一方面必须按照国家科技创新的目标、政策、方法、法规等信息来调整区域科技创新系统；另一方面又要输入区内外的各类科技创新信息以激活区域创新系统。如果与国家的宏观调控相混淆,就很难发挥区域的个性特色,就会加重“一刀切”、重复建设、产业结构趋同的弊病。这不仅会影响区域优势的发挥,更会影响整个国民经济的健康发展。

(二) 区域创新系统的结构与功能研究

许多国外学者对区域创新系统的基本类型进行了研究。区域创新系统基于管理结构可以分为基层式、网络式和统制式三类;基于商业创新又可以分为地方式、交互式和全球式三类(Cooke,1998)。Carlsson(1995)指出创新系统是技术政策的设计,Nelson & Roserberg(1993)则认为系统不是通过有目的的设计形成的,是在解决其组分之间的矛盾过程中形成的。当然,后者的认识过于简单。Ediquist(1997)认为系统的矛盾是不能被设计,那么也就不会有过多的讨论空间。Carlsson 等(2002)则认为创新系统结构类型的描述维度有两种:一种是地理或物理尺度。有些创新系统是按地理界线来划分,有的是按技术来划分的。另一种是以时间为尺度,考虑基于技术活动的系统演化。这一研究角度的提出标志着区域创新系统的技术特性越发明显,区域创新系统中技术系统(technological systems)决定着不同区域创新系统的性质与发展前景,也决定了理论研究对象的选取。

国内也做了一些相关研究。有研究(胡志坚等,1999)认为区域创新系统的构成要素包括主体要素(企业、大学、科研机构、中介服务机构和地方政府)、功能要素(制度创新、技术创新、管理创新和服务创新)和环境要素(体制、机构、政府或法制调控、基础设施建设和保障条件)。王稼琼等(1999)认为区域创新系统功能从抽象来说是有协调、催化、化险、解惑等功能,主要包括企业、大学、科研院所、孵化器及其他中介机构;创新基础设施包括信息网络、图书馆、数据库、公共基础设施等基本条件;创新资源指资金、人才、信息、知识和专利等;创新环境是政策与法规、管理体制、市场与服务的统称。刘曙光(2001)提出区域创新系统可以整合区域创新要素,激活中小企业,发展高新技术产业,促进科技成果转化,加快传统产业改造和推进制度与机制创新。

区域通过技术创新发展经济关键是选择适合自身条件的技术系统和要素配置模式,或者称之为技术创新形式。在理论研究领域,这关系到进一步讨论区域创新系统边界及技术创新效率的评价问题。

(三) 区域创新系统资源要素配置效率评价

从 Arrow (1962)的启发性文章开始,经济学家们已经认识到市场在 R&D资源分配上存在多个市场失灵现象。Dasgupta & Stigtitz(1980a)在分析中指出市场决定的R&D资源分配有如下缺点：(1)与社会最大化相比，私人企业承担的R&D太少，更重要的是，每个企业R&D支出的上限水平不受市场规模限制，这表明市场在R&D资源分配上是基本无效的；(2)太多的企业进入R&D竞争，导致R&D努力减少不必要的重复(Mankiw & Whinston，1986)；(3)如果需求弹性足够低，则总R&D支出就会超出社会最大化所需；(4)虽然在他们的模型中R&D支出水平和进入任一假定行业的企业数量是内生而且同时决定的，然而在不同行业间的横截面研究中，每个企业的R&D和R&D强度会更低，市场竞争会更强。

Katsoulacos Y. & Ulph D.(1995)分析了在产品有差异和产品专业研究路径情况下的非锦标赛R&D竞争模型，推广了Dasgupta & Stiglitz(1980a)的多个研究结论，并指出在产品替代性与R&D效力相关较小时，总体上市场决定的R&D支出会少于社会最大化所需，但两者之间的分歧在巨大的市场中会很小。由此可知，只凭借市场对R&D资源的配置是不够的。

Hansen K.F. & Weiss M.A. & Kwak S.(1999)采用系统动力学模型，从纵向过程对企业的R&D资源分配进行了管理和优化，即对R&D活动的三个不同阶段——基础研究、应用研究和试验发展进行动态的管理和资源优化，并洞察了改变对各阶段的资源分配的影响及其变动的动因：内在因素驱动还是外在因素驱动。

Gerchak Y.(1998)研究了项目间和项目内的R&D经费预算分配问题，指出目标对R&D资源分配优化有重要的影响，尤其是目标的改变对优化分配影响巨大。Barry J.(1992)统计地检验了R&D投资单凭经验分配方法的最优性，考虑了市场激励和完全竞争企业的情况，结果表明竞争企业最优化地将总收入的一个固定比例投入R&D上，并且产生它的单凭经验分配方法的条件比市场激励的更加普遍。Winkofsky等(1981)提出了一个针对R&D资源配置并混合了分散R&D资源分配进程中许多描述特征的决策进程模型，该模型有在包括R&D项目的分散资源分配进程中适应调和试验法的模拟能力，这使其成为企业或政府在政策分析中的重要工具。

在资源配置方法上，Hegazy (1999) 在改进发展程序 (Heuristic Procedures)的同时，引入遗传算法技术，在两方面同时考虑的基础上寻求资源配置和水准测量优化的次最优解。该方法的一个主要优点在于软件系统的辅助使其简单易行。

一些学者针对区域或行业等宏观层面的R&D资源配置进行了研究。Wei Shouhua等(2007)利用空间积聚、变差系数、基尼系数等定量方法，对中国不同区域间R&D总经费、政府R&D经费和企业R&D经费等三个方面作了比较分析,认为从 1998 年至 2004 年几年时间里,中国 R&D 经费空间集聚的趋势并未改变,政府 R&D 经费集聚效应比企业 R&D 经费集聚效应更加显著。吴玉鸣(2006) 运用空间计量经济学的空间常系数空间滞后模型、空间误差模型、变系数回归模型,对中国省域研发与创新的计量分析结果发现,中国 31 个省域创新能力的贡献主要由企业 R&D 投入实现,大学 R&D 对区域创新能力没有明显的贡献,大学研发与企业研发的结合没有对区域创新表现出显著的作用。

吴林海等(2006)研究了我国 R&D 经费的在三大研发主体——科研机构、高等院校和企业,三大研发活动——基础研究、应用研究和实验研究,以及各主体内部间进行合理配置,通过与美国、日本等发达国家比较发现,我国 R&D 经费配置效率较低,提出了相关政策建议。高燕(2006)、陈瑶瑶等(2005)分别就江西省与浙江省 R&D 资源配置特征进行了研究,并给出一些政策措施。以上这些研究仅就根据数据统计分析,得出若干建议,但并未在 R&D 资源配置对区域创新系统建设的影响以及具体的资源配置措施方面得出有效的结论。

古典经济学认为资源配置方式有两种极端的形式:市场机制下的价格配置方式与计划机制下的指令配置方式。两类资源配置方式的典型例子是市场与企业。在市场内部,价格变化指导生产,通过市场上的一系列交易来实现资源的配置。在企业内部,这些市场交易被取消,进行这些交易的复杂的市场结构被企业主——协调者取代,后者指导生产,通过指令配置资源。

在交易成本经济学的框架下,经济活动通常区分两类成本——生产成本及进行必需交易的成本,这两类成本一般被认为是不同的和相分离的。即一个企业发生的总成本一般被表示为生产成本(它们包含管理交易的成本,下文简称管理成本)和交易成本(它们只依赖于交易的组织方式)之和。在一般情况下,这两种成本必须被同时考虑,有效率的组织并不仅仅是最小化交易成本。

从管理成本和交易成本的角度而言,价格和指令这两种资源配置方式各有利弊。对于价格机制来说,一方面,信息的收集与传递在经济主体间横向进行,最重要的是,所有与生产者和消费者有关的信息都归结到了一个市场的信息载体——价格身上。由于信息横向传递速度缓慢,企业之间交易成本很高。但另一方面,在合理的价格系统下,每个经济单位只需考虑自身的利益就已足够了,几乎不存在个别利益与社会利益的矛盾问题,达到了“激励相容”。换言之,由于各个经济主体产权明晰,因而互相之间的管理(监督)成本较小。

对于计划机制而言，信息传递的方式是通过企业主下达指令，进而对资源进行配置。经济主体间信息传递速度快，交易成本很小。但由于经济主体间信息的不对称，企业主无法获得其他经济主体的信息，使得通过指令对资源进行配置的方式无法规避企业主管理(监督)成本高昂的代价。

市场和企业都存在交易成本和管理成本。以 MC 代表企业内管理交易成本，即管理成本。TC 代表市场交易成本。以 E 代表企业内部非专业化生产成本，F 代表市场专业化生产成本，如图 2-3，FC＝MC＋E 为企业内部非专业化边际生产成本与边际管理交易成本之和，随企业规模扩张而呈先降后升趋势，MD＝TC＋F 为市场专业化边际生产成本与市场边际交易成本之和，MR 为边际收益，MC＝MD＝MR 是为企业均衡点，这一均衡点即是企业与市场规模界区同进也是最佳产量点。

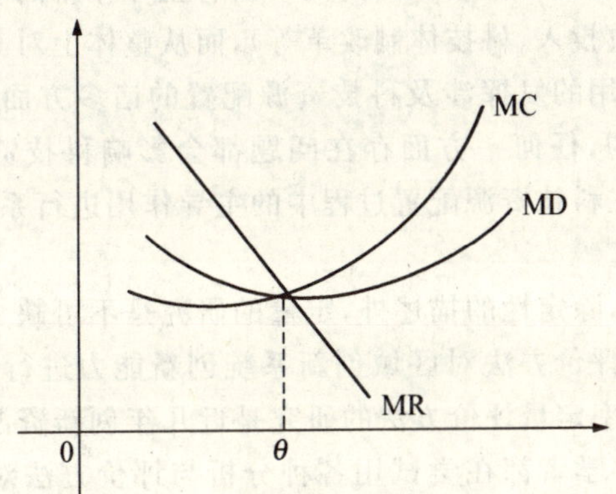

图 2-3　企业交易成本与管理成本曲线

受计划经济体制的影响，长期以来我国主要实行以国家制定的指令性计划进行科技资源配置。政府的行政配置方式虽然能够实现科技资源的社会共享，但是由于计划方式的固有缺陷：以国家意志为目标、缺乏需求导向，尽管在短期内会提高资源配置效率，但从长期来看会导致科技资源的低效配置、造成社会资源的浪费，从而这种政府的计划配置方式对于社会而言不是最优的[7]。目前，我国正在进行的科技体制改革的重点就是要建立科技资源的市场化配置模式。这种市场化配置模式应当包括：研发机构运作的市场化、科技经费来源的市场化、科研过程的市场化组织和科技成果市场化转化机制等四方面。虽然市场是效率最高的资源配置方式，但是由于技术市场是不完善的——存在信息不对称等问题，其后果将导致交易的不确定性提高，交易成本增加，交易效率下降，交易双方的需要不能有限传递。而技术市场的这种固有缺陷是无法靠其自身的功能去弥补和矫正的,因此政府的宏观指导行为就成为弥补市场结构不完善的关键要素。同时,由于我国由计划经济向市场经济转轨的特殊国情,受计划经济体制强大惯性的影响,政府仍将在科技资源配置中起主导作用,科技计划仍是目前我国科技资源配置的主要途径。这种政府的主导作用应包括以下几方面:科技管理制度的改革,从宏观上强化科技资源管理,促进科技资源向着科技与经济发展效率高的地方流动;按科技资源的发展规律,重组科技资源,使其发挥规模经济效益;加快科技资源市场的建设,促进科技资源的有效流动;调整科技资源投入结构,强化国家财政支持,引导社会资金,扩大资金投入渠道。

对于科技资源配置方式的研究,国内学术界基本上形成了要以市场配置为主、政府配置为辅的观点;同时,在我国这种经济体制转轨的过渡时期,政府仍将在很大程度上起主导作用。国内关于政府主导作用的单一方面的专题研究较多(如科技财政投入、科技体制改革等),而从整体上对其进行系统研究的较少。政府主导作用的发挥涉及科技资源配置的诸多方面,且各个方面是相互联系、相互影响的,任何一方面存在问题都会影响科技资源配置的整体效果。因此,对政府在科技资源配置过程中的主导作用进行系统研究,将是对现有研究的有益补充。

对事物的研究,除定性的描述外,定量的研究是不可缺少的。于是很多学者开始采用不同的评价方法对区域创新系统创新能力进行评价研究,其中对于创新要素配置效率定量评价方法的研究是近几年创新资源配置问题研究的核心问题之一,很多学者都在尝试用各种分析与评价方法对科技资源配置的效率进行定量分析,对其中主要内容回顾总结如下:

首先,在评价对象——创新要素的定义及选取方面,周寄中(1999)在对资源配置理论研究的基础上,提出科技资源配置是指各种科技资源在不同时空上的分配和使用,并对“资源配置”进行了详细的划分。其中,科技资源的宏观配置指全社会的科技资源在不同科技活动主体、不同科技活动过程、学科领域、地区和部门之间的分配,目标是使科技资源在全社会范围内进行配置,促进科技、经济和社会协调发展;微观的科技资源配置则是指具体的某一科技活动主体如何在其内部匹配各种科技资源,以便高效率地产出科技成果,其目标是提高科技活动主体的产出水平。刘海峰(1999)运用相关数据比较我国与世界各国的科技资源配置情况,分析我国科技资源配置过程中存在的配置效率、规模、结构、体制和机制方面的问题。

其次,在具体研究方法方面,国家战略发展研究小组(2002,2003)的《中国区域创新能力报告》基于小组大量采集数据的基础,运用层次分析法对我国各省、自治区、直辖市的创新能力作出了较为全面、系统的分析。Clark K.(1990)、Scherer(1992)、赵宗更(2005)和国家统计局等对技术创新能力指标进行研究。王荼香(2005)、温桂兵(2005)、吴凤平(2005)、官建成(2005)、罗亚非(2005)和刘凤朝(2005)等分别运用层次分析法、模糊综合评价法、主成分分析法、理想解法、DEA法、密切值法和集对分析法等对国家、区域和企业技术创新能力进行评价。孙元志(2005)和郝立勤(2005)分别对沈阳市和云南省创新能力进行评价。孙晓峰(2005)对福建省大中型工业企业的技术创新能力作了评价。张守忠(2005)和潘雄峰(2005)对我国技术创新能力地区差异进行研究。董秋玲(2005)和王海威(2005)对技术创新能力评价开展综述研究，等等。

综上可见，目前国内外在创新要素配置评价方面的研究已取得了不少的成果。但从已有的研究来看，还存在以下不足：(1) 区域创新要素的概念及技术创新能力构成的界定不一致，导致对相关评价问题认识的差异；(2) 目前国内外有关区域创新要素配置的评价研究比较零散，缺乏系统性，并且着眼点往往是在创新要素的外在表现上，缺乏创新系统整体有效性的评价；(3) 目前关于区域创新要素配置效率的评价多数是采用单一的综合评价方法，而将不同的单一评价方法运用于相同的评价对象可能得出不同的评价结论，以致人们难以对系统的要素配置效率作出正确的判断。

(四) 区域创新系统复杂系统演化研究

区域创新系统具有复杂系统的一切特性，是一个不断演化的事物，其每个发展阶段的特性与创新要素的配置模式是相辅相成的。目前，已有研究在对该系统演化研究方面主要是从以下三个角度出发：

1. 基于投入产出的研究角度

这个角度的研究主要包括两种观点：(1) 静态的投入产出方法。这个方法主要研究在某一时间内，系统内某企业或某行业投入要素和产出之间的关系，对于系统组分的描述比较清晰。但是在系统演化发展速度加快的今天，这种静态的研究方法略显不足。(2) Dahmén (1950) 提出的动态发展观(development blocs)。此观点所强调的系统的投入产出结构变化并不是发生在时间尺度上的，而是由系统的某些本质特点的变化引起的。Dahmén (1950) 认为每一种创新都会给系统带来新的发展机会，但是这些机会必须在系统原有投入产出模式发生相应调整之后才能被实现。也就是说，创新给系统的发展造成了“结构压力”(structural tension)，如果系统的结构变化合理，那么压力变成良性动力，反之则成了阻力。此观点考虑到了不稳定因素对于平衡的作用，但重点对象主要落在企业上。

2. 超越投入产出系统的研究角度

这个角度的研究主要包括四种观点：(1) 源自国家创新系统(National Innovation System)的研究(Freeman，1988；Lundvall，1988，1992；Nelson，1988，1993)。这种观点超越了以往局限于投入产出系统的研究，认为系统的有效运行还包括一些在科学和技术领域的非赢利性组织和技术政策的影响，系统的创新效率主要来自这些组织间的有效协作。因为研究的系统过于庞大，很多学者随后将研究角度放在中观的区域创新系统(Regional Innovation System)上。同样，源自 NIS 的 RIS 的理论仍旧强调要素聚合作用，研究方法是静态的或是相对静态的。在国内，柳卸林(2000)、张景安(2003)等从国家创新系统的构建角度，提出了从技术创新系统到知识创新系统建设的转变观点。傅家骥等认为构建创新型国家的科技系统应该从科学系统、技术系统、科技传播系统与科技应用系统等角度进行构建。(2) Poter 的钻石模型。Poter 的研究主要停留在产业或集群层面，其分析也是从 NIS 的角度出发，研究上是相对静态的。(3) 产业创新系统分析方法((Breschi & Malerba，1997；Malerba & Orsenigo，1990，1993，1995)。它强调企业之间的相互作用主要发生在一个产业或一个部门内的某个技术领域，这些领域由该产业中的企业之间技术知识联盟特性所决定，这样的领域自然会随着产业技术变迁而发生变化，因此产业技术创新系统是动态的。(4) 地方产业创新系统的案例分析。这个研究角度主要是由 Anna Lee Saxenian(1994)提出，是基于对美国硅谷和 128 公路的案例分析提出的，因此具有很强的地理性，不具有一般性。

3. 技术系统观点(Carlsson，1995，1997)

这个概念与"development blocs"(Dahmén，1950，1989)很相似，两者都是分散及动态的。此观点每个国家都有不同的主导技术系统，他们随着系统成员数目的增加，以及相互之间的制度关系的形成而形成。在创新系统中，"技术系统"(technological systems)是一个很重要的系统关系，每一个创新系统都有不同特点的技术系统。技术系统结构被定义为一个各系统成员在一个特定的技术领域内，以一定制度结构相互作用而形成网络，同时也形成网络内的技术更新、溢出以及推广使用(Carlsson & Stankiewicz，1995)。

四、相关理论有待研究的方面

目前就区域创新系统要素配置效率有以下方面有待研究：

(一) 区域创新系统的理论研究有待规范

首先,对于区域创新系统的实质内涵及称谓上仍存在多样性,这对于理解和深化研究都是一种障碍。由于中国的地域特点各异,研究以省份为单位的区域创新系统显得更加必要。其次,区域创新系统具有明显的复杂系统特征,但是理论研究并未对此进行细致研究,大多数对于区域创新系统资源配置效率方向的研究,简单将其归纳为系统投入与产出之间的线性关系,忽略了对区域创新系统创新机制的考察。

(二) 区域创新系统资源配置效率变化特征分析匮乏

从过往文献和研究中可以看出,从资源配置效率变化的视角,探索哪些因素影响区域创新系统资源配置效率的研究还非常的匮乏。当前我国创新人力和财力投入不足是我国区域创新系统创新能力提高的瓶颈。同时,人力投入和财力投入的内部结构也成为影响区域创新系统资源配置效率的重要因素。由于区域创新系统的资源要素投入不足受到宏观经济等众多因素的影响,无法在短期内解决。通过研究区域创新系统投入与产出结构,来揭示区域创新系统内资源配置效率的变化特征,进而提高区域创新系统内资源配置效率,成为一个既影响微观企业创新行为,又影响宏观区域可持续性发展的重要课题。

(三) 基于资源要素投入的区域创新系统创新机制的研究空白

对于区域创新系统创新机制的研究需要从各个角度全面加以分析。但目前对于区域创新系统创新机制的研究基本都是基于主体的角度将区域创新系统简单地划分为企业子系统、大学与研究机构子系统、政府子系统、中介服务平台子系统等若干子系统,研究各子系统的内部运行机制,以及子系统之间的相互作用关系。古典视角导致创新机制的研究方法无法对区域创新系统中投入与产出的非线性关系给予实证的支持或辩驳。

因此,从资源要素投入的角度定量地研究区域创新系统的创新机制,对于系统、全面地分析区域创新系统的运行机制和资源配置效率具有极大的理论意义。

(四) 在研究手段和方法方面,高质量的定量研究不足

区域创新系统一些研究仍停留在定性描述,以及简单的定量分析。研究工作多停留在定性描述、经验总结阶段,或者使用简单的评价方法进行较低水

平层次上的重复研究，忽略了各类方法之间的整合对于研究的重要意义。

综上所述，现有理论对区域创新系统资源配置效率变化特征的深入研究是有所欠缺的，国内外相关研究文章大多未成系统。从多学科、多角度入手研究区域创新系统的资源配置效率变化特征与创新机制问题是国内外相关研究的一个盲点。

第三章

典型区域创新系统的发展与阶段识别研究

20 世纪 70 年代中期，在纳尔逊等人对日本的国家创新系统进行研究之后，科技政策专家和创新学家通过考察国家技术系统的发展历史，开始意识到一国或地区的创新阶段对创新活动有着巨大的影响和限制。事实上，从众多区域创新系统发展的道路来看，不同的国家或地区因为科技资源等因素的影响，它们的变化速度各不相同，但是这些国家或地区的发展阶段在总体上是有一定的共性的。笔者认为，归纳区域创新系统变化特征，在此基础上比较不同阶段的创新系统的特点，研究不同的创新阶段，教育、文化、科技资金和政府对创新系统所起的作用，对区域创新系统发展研究具有重要的借鉴意义。

一、典型国家和地区的区域创新系统变化历程

当今，一些发达国家和地区已经成为世界先进技术的领导者，它们中以美国的科技实力最强。但在某些技术领域，其他国家或地区的区域创新系统已成为美国强有力的竞争者，而且在部分产业领域已经成为世界技术的领头羊，如印度的软件产业、台湾地区的计算机产业、韩国的汽车产业。但考察这些国家和地区的技术进步历程，可以发现它们都是从后进变成先进，在不断地学习和创造中缩短与世界先进技术的差距，然后才有今天的技术领导地位。本章重点分析几个典型区域创新系统的变化过程，部分国家创新系统在地域面积和资源禀赋等方面与我国省份区域创新系统有一定的可比性，但同时在文化、经济发展水平等方面有很多的差异。就区域创新系统的发展阶段而言，可以发现这些区域创新系统具有一定的共性。

(一) 芬兰区域创新系统的发展历程

根据世界经济论坛每年的《全球竞争力报告》排名，芬兰在 2001—2006 年的六年间，除了 2002 年和 2006 年落后于美国位居第二之外，其余四年均名列榜首，被认为是全球最具竞争力的国家。造就芬兰强大竞争力的既有经济因素，也有非经济因素。从经济技术方面看，信息通讯技术产业的高度发达为芬兰经济的崛起作出了巨大贡献。研究表明，芬兰是一个非常重视创新的国家，拥有一个成熟完善的区域创新系统，芬兰的政策制定者根据区域创新系统的不同发展阶段相机作出的引导政策成为芬兰区域创新系统高速发展的持续动力。

芬兰从一个第二次世界大战前的农业国家，通过坚定不移地实施“依靠科技和教育推动经济从资源依赖型向创新依赖型转变”的发展战略，创造了富有成效和特色的国家创新系统，成功地实现了经济和社会向创新型国家的全面转型。芬兰创新型国家的变化历程可用图 3-1 描述：

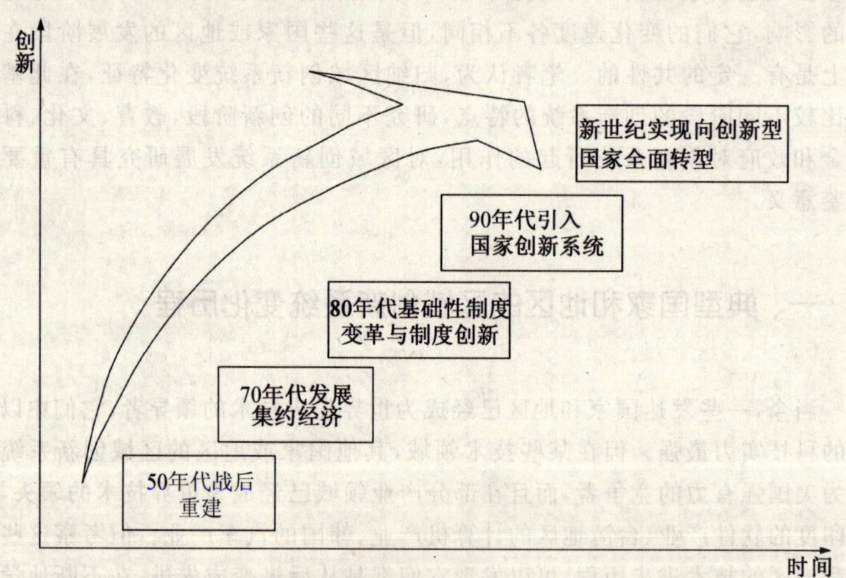

图 3-1　芬兰区域创新系统的变化历程

第二次世界大战前，芬兰基本上是一个农业国家，在战后的恢复重建中，芬兰主要依赖森林资源及其相关产品的出口而获得经济发展。20 世纪 50 年代开始，芬兰积极调整其经济和社会结构，通过加大基础工业投资、扩大出口等措施，推动了木材加工、造纸和纸浆、造纸机械、冶金和金属制造等工业的快速发展，从而形成了以森林资源为依赖、以森林相关产品的生产和出口为主要支撑的国民经济结构，并由此实现了经济的快速增长。

芬兰属于能源短缺型经济，其能源的80%要依赖进口，经济增长也主要依赖于木材及相关工业品的出口。20世纪70年代，芬兰国内面临通货膨胀和工资上涨过快的严重压力，加上1973年和1979年的两次世界性石油危机，芬兰依靠劳动力、资本和原材料投入的粗放型经济增长模式达到了极限，在出口方面的优势也面临极大挑战，向集约型经济转变开始成为政府和社会的一致认识。

20世纪80年代，芬兰面临的最重要挑战是保持生产成本和产品质量在国际市场上的竞争力。政府和经济学家们都认为，保持现代化进程和稳定性增长的一致性对于芬兰的未来发展是最重要的。为此芬兰采取了一系列的措施，推动基础性制度变革和组织创新。其中比较重要的政策措施有：

(1) 加大对教育和R&D的投入。从20世纪60年代开始，芬兰对教育的投入一直比较重视，但对R&D的投入不算太高。从80年代开始，芬兰开始重视对R&D的投入，其R&D经费占GDP的比重从1981年的1.17%，增加到1985年的1.55%，到1991年突破了2%。

(2) 建立扶持新产业的制度框架。芬兰在20世纪80年代着手开发电信产业，先后制定和修订了电信法、数据法、商务电子通信法、电子签名法和信息社会保护法等一系列法律法规，并完全开放了电信市场。特别是80年代初，政府对诺基亚的政府采购对于诺基亚以后的发展起到了关键性作用，被认为是诺基亚发展史上的里程碑。

(3) 对国家的科技和教育管理体系进行组织创新。1983年，为了加强对企业技术发展的支持和管理，在贸工部下成立了国家技术局(TEKES)。1987年，为了加强对科学研究和技术工作的统一领导，在前国家科学政策理事会基础上成立了由总理任主席、成员包括各部部长以及各行业代表的科学技术政策理事会。1982年，芬兰斯堪的纳维亚地区建立了第一个以大学为中心的科学园，在以后的10年中大学园发展到9个，几乎覆盖芬兰10万人以上的所有城市。可以说，正是这些组织方面的重要创新为芬兰在20世纪80年代及以后的跨越式发展打下了坚实的基础。

(4) 立足本国技术发展需要有选择地引进国外先进技术，同时积极推动出口以及企业的国际化。由于芬兰经济规模和资源条件的限制，发展外向型经济一直是其基本策略。为此，引进国外先进技术以提高本国工业技术水平、帮助企业向国外市场谋发展，一直是芬兰经济工作的重心之一。据有关研究，芬兰的技术引进主要有八种方式，这些方式在不同时期重要性有所不同，但吸引国外直接投资，与国外企业建立合资企业以及进行“交钥匙”式的设备引进方式从来没有占据重要位置。这说明，在引进问题上，芬兰从一开始就采取了一种立足发展本国技术力量的立场，而避免那种盲目引进、不问消化吸收的做法。在推动企业出口方面，芬兰采取了多种扶持措施，比如建立了为出口企业提供担保和配套服务的有关机构，使之对出口企业的支持涵盖了贷款支持、信用担保、风险担保，补贴和中介服务等所有相关方面。

1990 年，芬兰在其政策报告中引入了国家创新系统的概念，成为世界上第一个接受国家创新系统概念的国家。此后，国家创新系统的概念成为其制定创新政策的基本框架。在国家创新系统的框架中，知识的生产、扩散和应用之间的联结以及各个社会子系统之间的互动被赋予了重要意义。在这一基本思想指导下，芬兰从 20 世纪 90 年代开始，除了继续保持对 R&D 投入的持续增长外，还采取了一些重大举措，以促使整个国家创新系统协调、高效地发展，具体包括：

(1) 发展高等技术教育。1991 年，芬兰开始在中等职业教育基础上发展高等职业技术教育体系——技术学院(polytechnics)。与学术研究导向的大学不同，技术学院主要是职业导向的，以培养具有高级技能的人才为主要目标。到 2004 年，芬兰的技术学院已达到 29 所，就读学位的学生数达到 3 万人，约为大学的 1.5 倍；在校生达到 13 万之多，另外还有 1 万多人在就读非学位的开放课程。目前，技术学院已成为芬兰高等教育的重要组成部分，为芬兰企业输送了大量高级技术人才。

(2) 加强国家知识基础、技术平台和创新支持体系的建设，为创新奠定优越的环境。在芬兰，发达的教育和培训体系以及高水平的科研被认为是创新型国家的基本前提。为了建设强大的国家知识基础，1995 年，芬兰启动了建设世界水平的“卓越研究中心”计划，以六年为期对大学和研究机构中的优秀研究中心或新建研究中心进行特别资助。芬兰还针对不同创新活动和创新阶段的特点，先后设立或完善了一系列分工协作、互相衔接的公共资助机构，从而形成了一条完整的创新支持链。目前，芬兰拥有资金来源丰富、资助渠道和资助方式多样、公共风险资本和私人风险资本互补的全方位、立体化的创新支持系统，其对创新活动的支持覆盖了从基础研究到技术开发、成果商品化和产业化，直到国际化的全过程。

(3) 以地区为基础，推进产业集群和区域创新系统的形成。为了促进和帮助各地发展，以及加强彼此之间的协同，芬兰从 1994 年开始实施地区发展行动计划。作为该计划的重要组成部分，芬兰建立了 15 个地区经济发展与就业中心(T&E centres)，以为地方的中小企业提供资金支持和专家建议。此外，还有产业集群计划，专业化中心计划（COE 计划）等都先后付诸实施。这些计划以及广布各地的科学园和孵化器使得各个富有地方特色和优势的区域创新系统逐渐发展起来，成为整个国家创新系统的有机组成部分。

(4) 以技术计划、科学园等为媒介，促进产学研结合。20 世纪 90 年代以来，芬兰的产学研合作研究得到加强，其发展态势被认为是世界各国中最好的。这一转变的主要原因在于公共政策对研究和科学目的的认识发生了变化，在国家创新系统的概念下，研究的应用价值和经济效益被重视。所以，尽可能地鼓励并帮助产学研合作成为芬兰的一个重要策略。例如，在 TEKES 所资助的技术计划中，产学研合作受到特别鼓励；在多数大学附近，科学园、孵化器帮助了一些中小企业和处于起步阶段的企业的成长。其结果是，大学和公共研究机构来自外部的经费在 20 世纪 90 年代后半期有了显著增加。

通过一系列措施，芬兰在 20 世纪 90 年代逐渐建立起了富有特色和效率的国家创新系统。在这一体系中，各个组成部分之间的网络化以及合作、协同被赋予了重要意义，政府—产业—学术部门之间逐渐形成了互相促进、互相支持的三螺旋关系，而这种关系的形成无疑为芬兰未来进一步的发展提供了保证。芬兰国家创新系统是一个充满活力的网络系统，是芬兰经济成功的源泉和动力。

世纪之交，芬兰提出了更高的发展目标和相应战略。2000 年，科技政策理事会在每三年发布一次的科学政策报告中提出，芬兰要“迎接知识和技能的挑战”。2003 年，又提出要加强芬兰的“知识、创新和国际化”。2005 年，芬兰在政策计划中提出要全面推进信息社会的建设。看来，完善国家创新系统、建设一个创新型的知识经济社会将是芬兰的长远战略。为此，发展世界水平的高质量教育和科研以构建强大的国家知识基础，深化政府职能和科研机构的改革，提高国家创新系统的动力、效能和灵活性，积极推进企业创新和国际化，以及吸引国外投资和国外专家，成为芬兰的发展策略。近年来，芬兰出台了一系列有关信息社会建设的科学计划、技术计划和政策计划，并确定了信息通信、生物技术、纳米技术和材料技术等作为重点技术发展领域而给予优先支持。

芬兰转型为创新型国家的主要标志是形成了以电子信息、森林、金属机械三大产业为支柱的国民经济体系，整个国家的 R&D 投入不断增加，2001 年后占 GDP 的比重保持在 3.5%左右。整个经济的运行逐渐转移到依靠技术创新和高技术产品出口的轨道上来。

(二) 韩国区域创新系统的发展历程

韩国无论是资源、市场和劳动力，还是地缘政治中的国家地位，都不具备较大的比较优势，但从 20 世纪 60 年代起连续保持了年平均 9%的高速增长。韩国通过制订一系列促进科技创新的宏观政策，积极引导本国科技发展战略转型，在短短 40 年内实现了人均 GDP 从不足 100 美元向 1 万美元的跃升，由一个经济非常落后的农业国成长为亚太地区重要的科技创新中心。韩国的科技创新战略体现了以国家意志为先导、以科技立法为保障、以企业创新为主体、以市场需求为导向、以产业应用为目的的鲜明特点，其科技创新模式对于我国资源禀赋较弱的省级区域创新系统建设具有非常重要的借鉴意义。

在过去几十年中，韩国始终坚持依靠科技创新带动本国经济发展和增长，初步建立了以企业为研发主体，国家承担基础、先导、公益研究和战略储备技术开发，大学从事基础研究，产学研结合并有健全法制保障的国家创新系统，成功走过了从复制模仿、创新模仿，到创新发展的创新型国家建设之路。韩国创新型国家的变化历程可用图 3-2 描述：

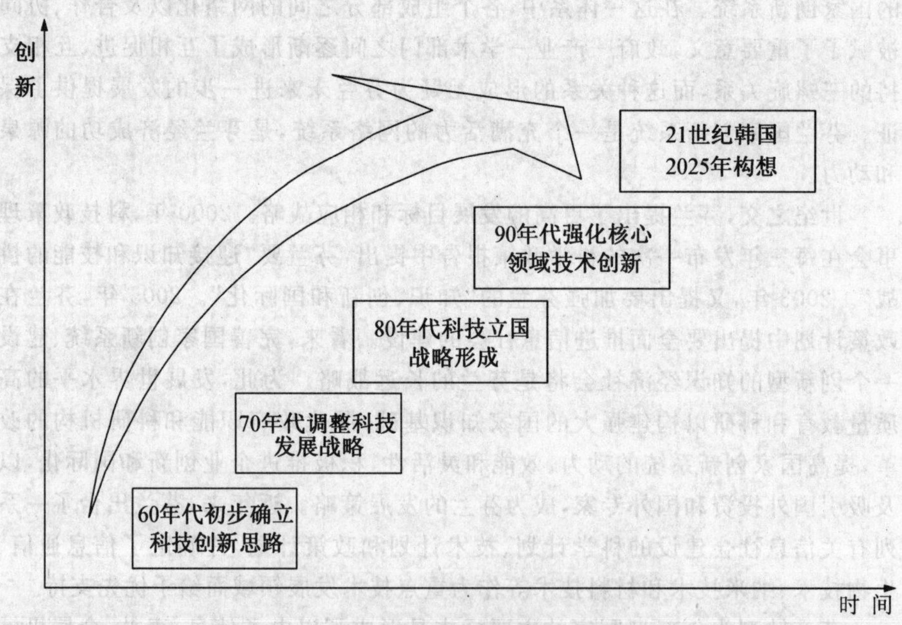

图 3-2　韩国区域创新系统的变化历程

朝鲜战争后，韩国经济处于恢复期，经济发展缓慢，科技落后。在 20 世纪 60 年代初期，韩国同中国一样，还是一个“一穷二白”的农业国家，人均国内生产总值不到 100 美元。自从 1962 年实施第一个经济增长五年计划以来，韩国实现了经济高速增长。60 年代中期韩国开始出口纺织品、服装、玩具、假发、胶合板以及其他劳动密集型成品。

20世纪60年代是韩国科学技术发展的起步阶段。在这一时期，韩国科技政策的主要目标是：确立以科技振兴推动国家经济发展的总体思路，构建国家宏观科技管理框架，形成韩国的科学技术基础。1961年韩国开始推行"第一次经济开发五年计划"(1962—1966)，在总体计划下专门编制"第一次技术振兴五年计划专案"。1967年韩国颁布实施《国家科学技术促进法》，正式确立了以科技创新推动国家经济社会发展的基本思路。

这一时期，韩国为加强本国的科技创新能力，开始着手构建国家宏观科学技术管理体系。1966年韩国成立了第一个综合产业研究机构——韩国科学技术研究院。1967年韩国政府将原隶属于经济企划院中的技术局扩展为独立的"科学技术处"，在发展相对落后的国家中较早地建立起管理科学技术事务的政府机构。这是韩国科技发展过程中一项具有划时代意义的事件。

20世纪70年代，韩国劳动密集型轻工产业遇到挑战，原有的产业结构不能适应工业现代化的需要，韩国政府提出了如下的产业政策调整方向：强化工业基础，提高工业资本的有机构成，改善工业技术结构，提高劳动生产率和出口竞争力。之后韩国的经济结构开始从以劳动密集型工业、轻工业为中心向以重化工业为中心的产业结构转变。

为此，韩国对科技发展战略进行了调整，并颁布实施了《技术开发促进法》等一系列鼓励科技创新的政策措施，出台了一系列促进人力资源开发的法律、法规，制定并实施了《科学技术中心长期人才培养计划》，通过不断加强高等教育和人力资源开发，提升韩国自身的科技创新能力。从重视技术引进到重视技术吸收与扩散，鼓励企业有选择地引进一些关键技术、设备，大力发展本国的技术力量，并不断开发自主技术，提高国家整体的技术适应能力和创新能力。

为适应科技发展战略的调整，韩国开始大量设立政府管理的科研机构。1971年成立了"韩国科学院"和"韩国开发院"。此后又先后建立了电子、船舶、资源、标准、机械等国立研究所。到20世纪70年代末，韩国设立的国立研究所多达16家。同时，为了进一步加强科技创新管理，韩国还在这一时期进一步强化了国家对科技创新的宏观组织管理。1972年韩国成立了由国务总理担任议长的"国家综合科学技术审议会"，担负国家科学技术政策的最高协调角色。

20世纪80年代，新科技革命在世界兴起，高技术产业迅速发展。经过70年代的发展与积累，80年代韩国的科学技术力量明显增强。同时，随着经济国际化程度的不断提高，韩国国内企业发展面临的国际技术竞争环境也越来越激烈。在此背景下，韩国政府、企业、科学家和全体国民在进一步推动科技创新方面取得一致共识，并对本国的科学技术法律框架及其相关制度再次进行调整，以应对日益激烈的国际科技竞争。

1982 年，韩国召开第一次“科学技术振兴扩大会议”。1984 年，韩国政府决定在此基础上成立“技术振兴审议会”，动员社会各界力量为科技振兴出谋划策，推动科技创新的持续发展，并制定有关制度，为科技发展提供支持。1986 年，韩国编制完成了《面向 2000 年科学技术中长期计划》，确定韩国中长期科学技术发展的战略重点，正式提出以自主创新能力提高支撑本国科技发展的基本战略思路，逐渐将“贸易立国”、“重化工业立国”战略向“科技立国”战略转变，重点发展技术密集型和知识密集型高技术产业。

“科技立国”战略的初步实施，使得韩国在 20 世纪 80 年代的科学技术，特别是高新技术发展迅速，改善了产业结构，促进了经济高速增长。

20 世纪 90 年代，西方发达国家的技术保护主义越来越严重，韩国经济面临的国际市场环境越来越严峻，同时韩国国内的产业结构也开始从劳动力密集型产业向技术密集型、知识密集型产业转变。为了支撑本国科学技术的发展，韩国开始以提升国家科学技术的国际竞争力为目标，加强对重点领域的技术创新投资，强化以需求为导向的技术开发，同时推动技术创新的全球化。

韩国通过建立适应高技术的经营管理体制，增加研发投资和提高产业的科技含量，使产业创造出更高的附加值，实现了经济增长模式的转变和经济机制的转型。科技计划的制定由以往的“自下而上”的途径，即由基层研究者监测本领域的技术进展，提出研究建议，然后采取同行评议的方法审查这些建议，转为“自上而下”和“自下而上”相结合的方式，由政府确定长远的国家发展目标，选择技术领域，并征求基层专家的意见，经过反复调整，制定科技计划。

这一时期，韩国不断改革完善科研体制，将科学技术处升为科技部，以加强国家对科技工作的宏观管理与协调，明确将“扩大科学技术投资，以促进尖端科学技术的产业化”作为韩国科技政策的主要目标。相继出台了《尖端技术发展计划》、《国策研发事业》、《大型科技研发事业》等新的科技发展计划，将《科学技术振兴法》修正为《科学技术革新特别法》，并制定了《科学技术革新五年计划》。所有这些措施都旨在加强韩国核心产业的国际竞争力，为国家未来高技术领域的发展奠定基础，把“科技立国”战略推向深入。

世纪之交，在经历了经济快速崛起和亚洲金融危机之后，韩国更加深切体会到科技在国家发展中的核心作用。进入 21 世纪之后，为了应对日益激烈的国际科技竞争格局，韩国对其科技创新体制和科技发展战略进行了大幅度的调整。

韩国科技部2000年公布了长期科技发展规划——《韩国2025年构想》(见表3-1),规划中提出的重点领域有:信息技术、材料科学、生命科学、机械电子学、能源与环境科学。采取"选择与集中战略",重点培育未来将成为经济增长动力的生物技术、纳米技术、太空和平利用技术。提出2005年韩国科技竞争力排名要超过其他所有亚洲国家,2015年韩国要成为亚太地区的主要研究中心,2025年韩国的科技竞争力排名要达到世界第7位。明确提出了"第二次科技立国"的口号,并从国家科技发展战略、宏观科技管理体制、科技研发投资体制等方面进行一系列改革,强力推进韩国的科技振兴政策。

表3-1 《韩国2025年构想》确定的国家主要科技发展指标

指 标	1998年	2005年	2015年	2025年
研发投资(10亿美元)	12.8	20	47	80
研发投资占GDP比例(%)	2.69	3.0	3.5	4.0
研发占政府预算比重(%)	3.9	5.0	5.0	5.0
政府与私营部门投资比例	23:77	27:73	30:70	30:70
人均政府研发预算(美元)	60	110	270	450

资料来源:VISION 2005:Korea's Long-term Plan for S & T Development.

2004年,韩国根据《政府组织法》把科技部长提升为副总理级,使其成为位于财政经济副总理和教育副总理之后的第三位副总理,进一步强化了科技部作为科技主管部门的宏观决策和计划协调职能。此外,政府还从注重增加投资的数量战略转变为注重效率的投资分配计划,力求克服本国自然资源的限制,利用全球的技术、人力资源的信息,以及发展与国际社会的合作。

(三)日本区域创新系统的发展历程

日本作为一个曾经的东亚落后国家,在短短100多年间发展成为世界第二的经济科技强国。从20世纪80年代开始,日本已经逐渐意识到,综合国力的竞争已集中到创新领域,并以科技创新的成果转化以及高新技术产业化为竞争的关键。因此,日本政府连续不断地制定一系列鼓励创新的政策与对策,走出了一条有别于欧美国家的创新发展之路。

在第二次世界大战后的60年里,日本走过了从"贸易立国"到"技术立国",再到"科技创新立国"的独特发展道路。从战后初期的"吸收型"、"模仿型"技术发展路径,到建成创新型国家,在每一个关键的转型时期,日本政府都分别制定了有步骤、分阶段的政策与对策，选择了适合本国国情的发展路径。日本创新型国家的变化历程可用图 3-3 描述：

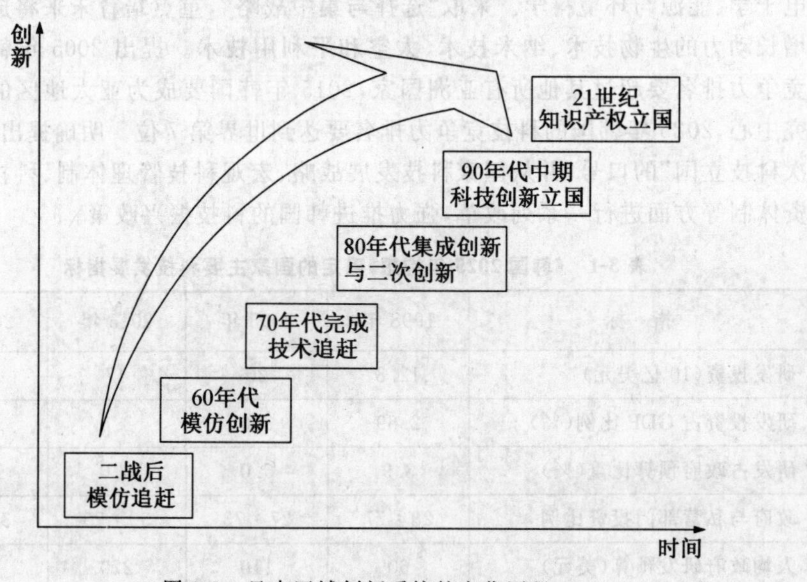

图 3-3　日本区域创新系统的变化历程

第二次世界大战以后，日本推行了一系列旨在推进模仿追赶进程的特殊政策，包括政府制定科技计划完善全球技术监测系统；鼓励并帮助企业有目的地从欧美引进各种技术发明；指导企业在引进基础上进一步进行技术创新。在这种政策的指导与推动下，日本企业采取了市场紧跟战略，大量引进技术，并进行消化、吸收、模仿，推动了战后日本经济的快速发展。

战后初期，1949 年 12 月日本科技厅发表的《技术白皮书》中估计，当时日本的工业技术水平比世界先进国家落后二三十年，有的学者认为落后三四十年。因此，日本为了急赶直追，绕过先进国家走过的弯路，用较快的速度和较低的代价赶上并超过欧美等发达国家，日本采取了“追赶型”、“倾斜式”的发展战略。政府根据经济建设不同时期的需要设立重点领域，引进世界最先进的机械设备和科学技术，如原子能发电设备，冷、热轧带钢机，大容量发电机等。最初扶植和发展资本密集型的重化工业，进入 20 世纪 50 年代后则主要集中于电力、钢铁、造船、合成纤维、石油化工和家用电器等重工业和化工部门。

这一时期，日本企业对引进的技术不是简单的模仿、吸收，而是在引进消化吸收的基础上结合日本的实际实行再创新。通过对引进技术和产品的分解、研制，求得个别改良，综合改造创新，创造出具有日本特点的新技术和新产品，并使新产品物美、价廉、耐用，从而在国际市场上的竞争中取得优势。

虽然第二次世界大战后的模仿追赶实现了技术水平的快速提升，但当时的日本认识到这种技术吸收型发展战略要真正发挥作用必须建立在国内技术创新活动的基础之上。于是，20 世纪 60 年代初期日本技术创新活动着重加强对引进技术的消化吸收模仿；60 年代中期后转向知识密集型产业，如通讯设备、航天、汽车制造、电子机械等；60 年代后期则重点引进技术专利、技术情报及基础性科研成果，然后对引进的新技术进行分析研究，扬长避短，进行再创新与开发。从 1955—1970 年的 15 年间，日本几乎掌握了半个世纪世界发明的全部技术，只用了不到 60 亿美元的代价，争取了 20 年左右的时间。

这种基于"逆向工程"的模仿创新，为日本追赶先进国家带来了"后发优势"。日本基于消化吸收的模仿创新模式是与当时日本政府战后长期推行"赶超先进国家"的战略相吻合的。此后，日本企业突出的模仿创新能力开始显现，并充分发挥出来。如二战后日本的汽车工业处于起步阶段，大大落后于美、德、英、法等国家，1961 年日本东洋公司从西德引进注克型转子发动机技术，组织科技人员研究开发了 6 年，终于试制出浸含铝合金碳材料，克服了被称为"魔鬼爪痕"的发动机体内振痕，进而发明了非破坏检查法（N. D. I. 法）。1968 年生产出在质量和产量上都超过西德的汽车。以后又针对世界市场的需要生产出小型、物美、价廉、质量优良的汽车，从而在世界市场上占据了优势。

到 20 世纪 70 年代，日本的产业与技术结构都发生了质的变化。日本在钢铁、汽车、家电等工业部门的生产技术已处于世界的领先地位，这样的效益在世界上是罕见的。

在技术贸易方面，技术出口合同的金额超过技术进口合同的金额；在工业结构上，从劳动密集、资源密集型产业过渡到资本密集和技术密集型产业；在技术水平上，43 个主要技术领域接近或达到世界先进水平，基本上完成了技术上的追赶过程。

20 世纪 80 年代，日本企业在技术创新能力上已初步具备自行研究开发的能力，逐渐从过去大量引进、消化、改进、模仿，到强调发展企业的自主创新能力，开始了从模仿创新向自主创新的变化，体现为集成创新和在引进消化基础上的二次创新。创新动力主要来自于市场需求，来自于企业之间激烈的竞争，从创新链的中端出发向前延伸，以我为主将国内外相关元器件和信息技术进行系统集成。

日本 20 世纪 80 年代以后进入"科技立国"方针为指导、以自主创造性的研发为主的阶段。这一时期，日本以较快的速度和最低的代价赶上了欧美先进国家。到 90 年代初，钢铁、汽车、家用电器等工业部门的生产技术，日本已处于世界领先地位。

1995 年 11 月日本国会一致通过了《科学技术基本法》,成为日本科学技术发展历史上的一个重要转折点。《科学技术基本法》明确提出日本将以“科技创新立国”作为基本国策。此后日本确立了 21 世纪初将推进科技发展的三大方向:把日本建设成为具有世界一流科技水平,能够创造知识并灵活运用知识,对世界发展能够作出重大贡献的国家;具有强有力的国际竞争力并能够持续发展的国家;能够让人民过上幸福、安心和高质量生活的国家。明确了在研发的不同阶段研究基金制度的建立,以及产、学、官合作和知识产权保护问题。强调创建世界一流的高水平的研究生院,积极促进本国科研人员参与国际研发活动和国际研究项目。提出了“科技创新立国”的五大发展战略:人才战略、基础研究战略、科技创新战略、重点技术战略、国际化战略。

日本是世界上实施知识产权战略非常成功的国家之一,也是从知识产权战略中崛起的国家。2002 年 3 月,日本正式提出了“知识产权立国”战略,将知识产权作为国家或企业、产业竞争力的源泉,推进以独创性为主的“前瞻创新型”的研发模式,标志着日本继“科技立国”后又一次重大的战略转移。具体措施包括:(1) 加强了知识产权创新管理体制及与知识产权相关的综合体制建设;(2) 推进大学、科研机构、企业的创新能力建设,加强以知识产权为主轴的产、学、官合作;(3) 改善研究人员的创新环境,重视奖励知识财产创造的研究开发,鼓励企业创造高质量的知识财产;(4) 完善知识产权立法;(5) 引导、鼓励企业重视知识产权战略的构建和运用,实现企业技术和知识产权的最大价值;(6) 加强知识产权人才的培养力度。

二、区域创新系统发展阶段分析

根据地区区域创新系统的变化历程可以看出,区域创新系统的发展过程基本可以划分为三个阶段,并依据每一个阶段的主要特征,将它们称为起步阶段、成长阶段和成熟阶段。这三个阶段的主要特征是地区的技术创新方式:由使用引进技术起步经改进引进技术,最后到自主创造技术转变的过程,即技术进步方式从依附于外部到完全自立的过程。

(一) 区域创新系统的起步阶段

区域创新系统起步阶段是指技术创新以生产中引入别国或其他地区的生产技术为技术创新的基本方式。引进技术包括硬技术和软技术。硬技术包括成套设备、关键设备、材料、零部件;软技术包括专利、专有技术等。技术创新理论认为,对技术输出方来说,自己的技术被输入方使用属于技术转移和扩散;但对技术输入方来说,由于在生产中引入了新的生产要素、新的生产方法和引进技术生产出新产品,使用新技术仍然属于技术创新。处于区域创新系统起步阶段的地区,区域内的生产系统不是没有研制能力就是研制水平较低,其技术水平提高的基本做法是引进先进技术,自行研制活动较少,且大部分集中在区域内优势产业或特殊行业。

(二)区域创新系统的成长阶段

区域创新系统成长阶段是指技术创新表现在吸收引进技术的同时,具有改进技术的能力。此时,引进技术仍然是提高技术水平的主要方式,但是,由于通过使用引进技术已掌握了区域外的技术和方法,能根据当地的市场需要和生产系统要求来改进生产技术,增强产品的性能和质量。具有改进技术能力说明生产系统已经具备工艺设计和产品设计能力,只是在工艺设计和产品设计水平上还低于区域外先进水平。改进技术是技术创新的结果,这种技术创新从总体上说属于渐进技术创新。当然,这种渐进创新与发达国家和地区的渐进创新有所不同。处于区域创新系统成长阶段的区域所具有的改进能力是在消化区域外先进技术的基础上形成的,是技术学习的成果。

(三)区域创新系统的成熟阶段

区域创新系统成熟阶段是指区域创新系统拥有一流的产品和工艺设计能力,具有雄厚的技术系统,甚至还具备强大的科学系统。某一地区进入区域创新系统成熟阶段,该地区就逐步达到了技术自立。在区域创新系统成熟阶段,区域的技术创新能力表现在,技术系统通过研发能够源源不断地为生产系统提供新技术。处于成长阶段的区域,其技术竞争能力和技术优势能否保持或进一步提高,主要取决于对区域创新系统的资源要素投入和配置得当与否。部分学者的研究结果表明,处于区域创新系统成熟阶段的国家和地区的R&D/GNP强度在2%左右。

三、区域创新系统发展阶段识别模型

根据上文的研究,区域创新系统各个发展阶段的资源投入重点和产出改进方向有很大差异。因此,区域创新系统发展阶段的识别成为解决区域创新系统资源配置效率提高的前提条件。部分研究学者的研究结果表明：区域创新系统从起步到趋于完善经历了三个发展阶段：起步阶段、成长阶段和成熟阶段，并分析了区域创新系统三个发展阶段的部分特征，如表 3-2 所示。

表 3-2　区域创新系统不同阶段的特征分析

特征因素	起步阶段	成长阶段	成熟阶段
基础设施完善程度	★	★★★	★★★★★
支撑服务机构完善程度	★	★★★	★★★★★
法律法规完善程度	★★	★★★★	★★★★★
惯例对创新的促进作用	★★★★	★★★★★	★★★
创新精神的浓厚程度	★★★	★★★★	★★★★★
人力资源的充沛程度	★★	★★★★	★★★★★
财力资源的充沛程度	★	★★★★★	★★★★
人才的流动性	★★★	★★★★★	★★★
创新成果产业化程度	★★★★★	★★★★	★★
专利成果的增长速度	★★★	★★★★★	★★★★

★：非常低；★★：比较低；★★★：一般；★★★★：比较高；★★★★★：非常高。

本章将使用逐步判别分析方法，建立区域创新系统的阶段识别模型，以便从定量角度研究区域创新系统的变化过程和特征，进而判别区域创新系统所处的阶段，为之后的研究和制定驱动区域创新系统发展的政策建议确定立足点。

(一) 区域创新系统发展阶段识别模型的选择

判别分析是多元统计分析中用于判别样本所属类型的一种统计分析方法。它所要解决的问题是在一些已知研究对象用某种方法已经分成若干类的情况下，确定新样本的所属类别。在判别分析中，对判别产生影响的变量往往很多，当判别变量个数较多时，如果不加选择地使用全部变量建立判别模型，由于变量间的相关性，可能使得求解逆矩阵的精度下降，从而导致建立的判别函数不稳定。逐步判别分析法是一种具有变量筛选能力的判别分析方法，逐步判别有许多不同的原则，从而产生各种方法。本书所使用的逐步判别分析方法是在多组判别分析基础上发展起来的一种方法，判别准则为贝叶斯判别函数，变量的筛选采用“有进有出”的算法，变量按其是否重要逐步引入，原引入的变量也可能由于其后新变量的引入使之失去重要性而被剔除，每步的引入或剔除变量，都做相应的统计检验，使最后的贝叶斯判别函数仅保留重要变量。

1. 附加信息检验

附加信息检验是逐步判别法的理论基础。设有 m 个母体，从 m 个母体中分别抽取 $n_1, n_2, \cdots, n_m$ 个样本，每个样本有 p 个判别变量，即为：

$$X_i^{(1)} \quad (i=1,2,\cdots,n_1)$$
$$X_i^{(2)} \quad (i=1,2,\cdots,n_2)$$
$$\cdots\cdots$$
$$X_i^{(m)} \quad (i=1,2,\cdots,n_m)$$

而 $$X_i^{(l)} \quad (i=1,2,\cdots,n_l)$$

记 $$\overline{x}^{(l)} = \frac{1}{n_l}\sum_{k=1}^{n_l} x_{kj}^{(l)}$$

$$\overline{x}_j = \frac{1}{n}\sum_{l=1}^{m}\sum_{k=1}^{n_l} x_{kj}^{(l)}$$

其中，$\overline{x}_j^{(l)}$ 为 l 组中第 j 个变量的均值，$\overline{x}_j$ 为第 j 个变量的总均值 $n = \sum_{l=1}^{m} n_l$，$x_{kj}^{(l)}$ 为 l 组第 k 个样本的第 j 个变量。

记 $$wij = \sum_{l=1}^{m}\sum_{k=1}^{n_l}(x_{ki}^{(l)} - \overline{x}_i^{(l)})(x_{kj}^{(l)} - \overline{x}_j^{(l)})$$

$$t_{ij} = \sum_{l=1}^{m}\sum_{k=1}^{n_l}(x_{ki}^{(l)} - \overline{x}_i)(x_{kj}^{(l)} - \overline{x}_j)$$

$$i, j = 1, 2, \cdots, p$$

则 $W = (w_{ij})$ 为组内离差矩阵，$T = (t_{ij})$ 为总的离差矩阵。

为了对 m 个母体建立判别函数，需要检验：

$$H_0: \mu_1 = \mu_2 = \cdots = \mu_m$$

其中，$\mu_1, \mu_2, \cdots, \mu_m$ 为各母体的数学期望值，当 H_0 被接受时，说明区分这个 m 母体是无意义的，在此基础上建立的判别函数的效果不好。当 H_0 被拒绝时，说明这 m 个母体是可以区分的，建立的判别函数也是有意义的。对于这一问题的检验，可使用维尔克斯（Wilks）Λ 统计量：

$$\Lambda = \frac{|W|}{|T|}$$

并且，统计量 $F=\left(\frac{\Lambda_{p-1}}{\Lambda_p}-1\right)\frac{[n-(p-1)-m]}{(m-1)}$ 服从 $F[(m-1),n-(p-1)-m]$分布。用它来检验在给定前 $p-1$ 个指标的条件下，增加第 p 个指标是否提供附加信息。

2. 变量的引入和剔除

引入变量和剔除变量都需要使用附加信息检验进行统计检验。

假设计算了 l 步，已选入 l 个变量，$l+1$ 步引入了一个新变量 x_r，则需检验增加新入选的第 $l+1$ 个变量后能否提供附加信息，即检验新变量 x_r 的判别能力。由附加信息检验准则可以得到引入变量 x_r 的检验统计量：

$$F_{lr}=\frac{1-V_r}{V_r}\frac{n-l-m}{m-1}$$

其中，$V_r=\frac{w_{rr}^{(l)}}{t_{rr}^{(l)}}$。$F_{lr}$ 服从分布 $F(m-1,n-l-m)$。

在未选入的变量中，选择使 V_r 达到最小的变量 x_r，当 $F_r>F(m-1,n-l-m)$时，认为变量 x_r 提供了附加信息，变量 x_r 入选。

对于已入选的 l 个变量，需要考虑新变量入选后对其重要性有无较大影响，应及时剔除不能提供附加信息的变量，剔除的检验方法与引入的方法相同。如果某一变量 $x_r(1\leqslant r\leqslant m)$，使得 V_r 在已入选的变量中具有最大值，并且满足：$F_{lr}\leqslant F[m-1,n-(l-1)-m]$，则认为变量 x_r 不能提供附加信息，将它从判别式中剔除。

在计算过程中，每引入或剔除一个变量称为逐步判别的一步。记初始组内离差矩阵为$(w_{ij}^{(0)})$，初始总的离差矩阵为$(t_{ij}^{(0)})$，从它们开始每步施行一次变换，则第 $l+1$ 步无论是引入或剔除变量 x_r，都需进行如下变换：

$$w_{ij}^{(l+1)}=\begin{cases}w_{rj}^{(l)}/w_{rr}^{(l)} & i=r,j\neq r\\ w_{ij}^{(l)}-w_{ir}^{(l)}\cdot w_{rj}^{(l)}/w_{rr}^{(l)} & i\neq r,j\neq r\\ 1/w_{rr}^{(l)} & i=r,j=r\\ -ww_{ir}^{(l)}/w_{rr}^{(l)} & i\neq r,j=r\end{cases}$$

$$t_{ij}^{(l+1)}=\begin{cases}t_{rj}^{(l)}/t_{rr}^{(l)}\\ t_{ij}^{(l)}-t_{ir}^{(l)}\cdot t_{rj}^{(l)}/t_{rr}^{(l)}\\ 1/t_{rr}^{(l)}\\ -t_{ir}^{(l)}/t_{rr}^{(l)}\end{cases}$$

逐步判别的过程就是不断引入和剔除变量的过程，一旦即不能引入也不能剔除，则表示逐步判别的计算过程结束。

3. 判别函数及判别规则

假设最终引入了 l 个变量，并得到最终变换矩阵 $(w_{ij}^{(l)})$，则第 k 组的判别函数为：

$$f_k = \ln q_k + c_{k0} + \sum_{j\in 已入选变量} c_{kj} x_j \quad k=1,2,\cdots,m$$

其中：$q_k = n_k/n$

$$c_{kj} = (n-m)\cdot \sum_{i\in 已入选变量} w_{ij}^{(l)} \bar{x}_{ki} \quad k=1,2,\cdots,m$$

$$c_{k0} = -\frac{1}{2}\sum_{i\in 已入选变量} c_{ki}\bar{x}_{ki} \quad k=1,2,\cdots,m$$

判别函数建立以后，即可对任一样本 $X=(x_1,x_2,\cdots,x_p)$ 进行判别。将 X 代入各组的判别函数计算得到判别函数值 $f_1,f_2,\cdots,f_m$，若：

$$f_g = \max_{1\leqslant k\leqslant m}\{f_k\}$$

则样本 X 判属第 g 组。

4. 判别函数的检验

为了检验引入判别函数的 l 个变量区分 m 个组的能力，可采用 Bartlett 给出的 x^2 分布的近似式：

$$x^2[l(m-1)] \approx -[n-1-(l+m)/2]\cdot \ln V$$

其中，V 为 Wilks 统计量：

$$V = \frac{w_{r_0}^{(0)}}{t_{r_0}^{(0)}}\cdot\frac{w_{r_1}^{(1)}}{t_{r_1}^{(1)}}\cdot\cdots\cdot\frac{w_{r_{l-1}}^{(l-1)}}{t_{r_{l-1}}^{(l-1)}}$$

（二）区域创新系统发展阶段识别模型的建立

1. 判别集合以及指标集的确定

根据上述对区域创新系统发展特征的分析，确定类别集合为：$G=\{G_1, G_2, G_3\}$，G_1 为起步阶段，G_2 为成长阶段，G_3 为成熟阶段。

本章同样根据科学性与数据可获得性的原则，选择 R&D 投入(ERD)、R&D 人员数量(RDT)、科学家与工程师数量(SCE)、科技活动人员数量(STP)、专利申请量(APP)、专利授权量(APU)、发明专利数量(AIP)、技术合同签订数量(ACT)、EI、SCI、ISTP 收录的科技论文数量(PAP)9 项指标作为判别变量集合。并在建立判别模型时，使用北京、上海、广东和浙江 4 个区域的数据。虽然在经济发展水平、社会经济背景等方面存在着很大的差异，但这些区域的创新系统进程基本上都始于20世纪80年代末90年代初。

本文数据来源于1988年到2005年的各地区年鉴和《中国统计年鉴》。

2. 区域创新系统发展阶段判别模型的构建

本文利用1988年至2005年北京、上海、广东和浙江4个区域的9项指标数据。依据部分学者的分析结果，将1988年、1989年、1990年的4个区域的12个样本作为区域创新系统起步阶段的输入数据，将1991年、1992年、1993年、1994年、1995年、1996年、1997年、1998年4个区域的32个样本作为区域创新系统成长阶段的输入数据，将1999年、2000年、2001年、2002年、2003年、2004年、2005年4个国家的28个样本作为区域创新系统成熟阶段的输入数据，可以建立区域创新系统发展阶段的判别模型。经计算，其结果如下：

(1) 判别函数的公式

表 3-3　区域创新系统识别模型的判别系数表

入选指标	起步阶段	成长阶段	成熟阶段
ERD	45.5883	41.7617	37.1152
RDT	0.01949	0.01749	0.01450
AIP	92.7078	90.6104	83.5792
ACT	0.01862	0.0122	−0.0688
PAP	14.2384	10.4301	8.1929
常数	−185.4755	−293.9382	−318.1192

设 x_1, x_2, x_3, x_4, x_5 分别表示R&D投入(ERD)、R&D人员数量(RDT)、发明专利数量(AIP)、技术合同签订数量(ACT)、EI、SCI、ISTP收录的科技论文数量(PAP)；f_1, f_2, f_3 分别为区域创新系统的起步阶段、成长阶段、成熟阶段三个类别的判别函数，将表3-3的判别系数代入判别函数之中，则区域创新系统阶段判别函数的公式如下：

$$f_1 = -185.475 + 45.5883x_1 + 0.01949x_2 + 92.7078x_3 + 0.01862x_4 + 14.2384x_5$$

$$f_2 = -293.938 + 41.7617x_1 + 0.01749x_2 + 90.6104x_3 + 0.0122x_4 + 10.4301x_5$$

$$f_3 = -318.119 + 37.1152x_1 + 0.0145x_2 + 83.5792x_3 - 0.0688x_4 + 8.1929x_5$$

(2) 判别分值

将各样本数据代入判别函数，可以计算出判别分值，见表3-4。

表 3-4　区域创新系统三个主要发展阶段判别分值

年份	区域	f_1	f_2	f_3	年份	区域	f_1	f_2	f_3
1988	上海	510	493.17	464.28	1997	上海	344.87	359.92	351.41
	北京	572.39	550.80	521.40		北京	359.56	371.33	354.48
	广东	513.04	496.35	471.22		广东	381.91	394.98	380.37
	浙江	488.13	472.41	436.35		浙江	404.91	415.07	399.76
1989	上海	525.09	509.31	483.63	1998	上海	380.75	391	385.29
	北京	551.91	532.82	504.65		北京	364.27	374.03	359.02
	广东	505.19	490.89	466.77		广东	393.67	404.85	391.58
	浙江	469.18	456.83	423.69		浙江	413.70	425.12	413.50
1990	上海	518.33	504.83	481.13	1999	上海	385.43	397.39	393.69
	北京	523.45	507.35	480.78		北京	361.79	373.92	360.83
	广东	487.87	476.49	453.28		广东	391.86	404.30	393.68
	浙江	453.05	443.75	413.36		浙江	401.07	411.98	402.26
1991	上海	513.30	501.42	477.39	2000	上海	340.59	356.29	361.32
	北京	497.76	484.70	460.14		北京	281.19	304.31	314.41
	广东	473.12	463.99	440.21		广东	356.14	374.49	377.87
	浙江	452.32	444.72	415.33		浙江	370.84	388.51	391.21
1992	上海	468.84	467.66	446.89	2001	上海	321.09	346.35	355.85
	北京	427.37	426.07	404.25		北京	274.93	302.50	314.69
	广东	446.79	447.94	426.45		广东	354.15	375.05	382.24
	浙江	446.52	448.31	422.34		浙江	379.37	397.12	403.67
1993	上海	475.52	470.42	449.15	2002	上海	363.77	381.02	391.07
	北京	464.75	456.20	432.51		北京	302.87	325.96	343.14
	广东	458.35	454.59	432.50		广东	362.93	381.58	390.53
	浙江	469.09	464.88	438.36		浙江	372.37	391.77	403.56

续 表

年份	区域	f_1	f_2	f_3	年份	区域	f_1	f_2	f_3
1994	上海	370.19	379.66	363.66	2003	上海	339.41	362.01	376.91
	北京	356.53	364.89	346.17		北京	284.32	309.45	328.84
	广东	368.58	380.98	364.96		广东	332.26	353.57	363.27
	浙江	409.26	419.59	401.87		浙江	370.73	390.54	403.16
1995	上海	364.41	372.60	359.86	2004	上海	319.41	344.25	362.81
	北京	369.77	375.65	356.80		北京	292.76	319.62	346.58
	广东	384.39	392.85	377.78		广东	290.01	314.54	326.64
	浙江	415.38	422.29	406.10		浙江	351.13	372.24	392.28
1996	上海	357.82	367.57	357.62	2005	上海	313.82	340.53	363.83
	北京	372.22	378.78	360.11		北京	283.49	311.79	340.90
	广东	387.52	396.40	380.83		广东	282.40	308.32	324.44
	浙江	410.54	418.65	402.73		浙江	358.17	379.18	401.26

区域创新系统三个主要发展阶段判别分值如图 3-4 所示。

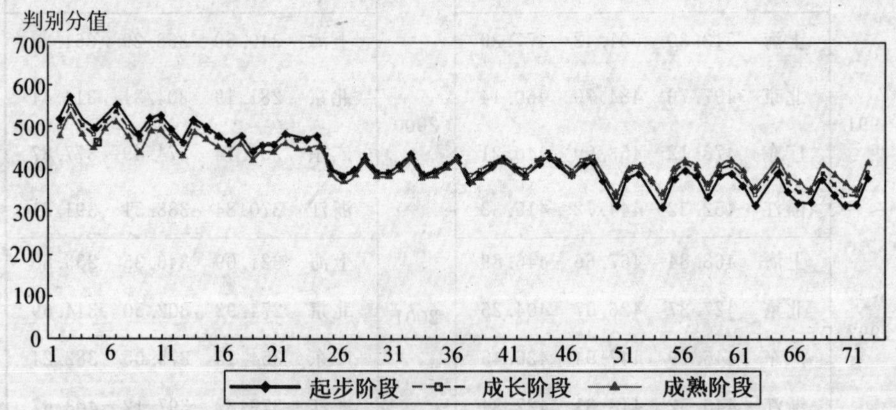

图 3-4　区域创新系统起步阶段、成长阶段、成熟阶段的判别分值

(1) 判别分析模型的检验

入选指标判别能力的检验。逐步判别分析过程的运行结果显示：$V=0.032$。

使用 Bartlette 的 x^2 分布近似式，计算的检验值为：

$$x^2 = -[(n-1)-(l+m)/2]\cdot \ln V = 230.62$$

其自由度为 $l(m-1)=5(3-1)=10$，它近似地服从于分布 $x^2[l(m-1)]=x^2(10)$。

查 x^2 分布表有：$x^2_{0.005}(10)=25.2$，$x^2 > x^2_{0.005}(10)$，说明由变量所构成的判别函数显著，即本章所选择的变量体系具有区分区域创新系统三个阶段的能力。

(2) 吉林省区域创新系统发展阶段的模式识别

依据各年吉林省统计年鉴，可以计算出吉林省各年度的判别分值，如图 3-5所示。

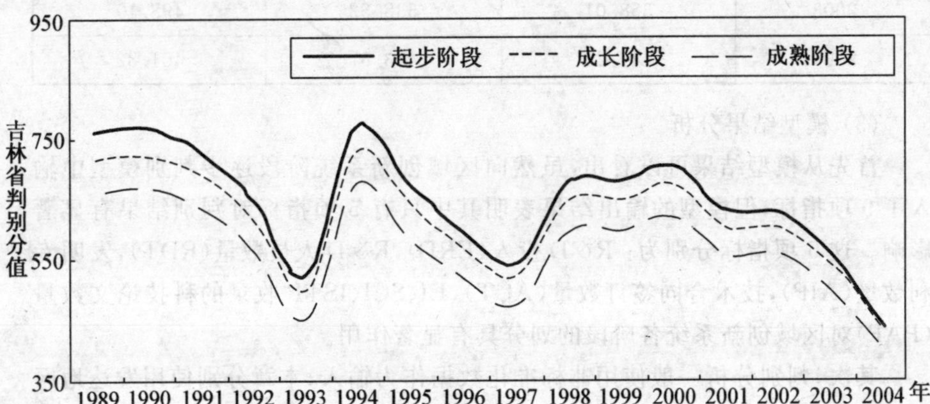

图 3-5 吉林省区域创新系统阶段识别

表 3-5 吉林省区域创新系统各阶段的判别分值

年 份	第一阶段判别分值	第二阶段判别分值	第三阶段判别分值
1989	761.32	714.19	657.58
1990	768.13	722.46	669.27
1991	730.03	687.81	635.35
1992	657.25	623.28	571.49
1993	522.14	499.23	453.37
1994	770.58	727.38	675.86
1995	675.34	639.11	586.48
1996	594.48	568.19	519.69

续 表

年 份	第一阶段判别分值	第二阶段判别分值	第三阶段判别分值
1997	541.59	521.22	475.87
1998	679.32	646.91	597.51
1999	679.63	646.51	597.76
2000	705.88	672.16	623.30
2001	628.20	601.85	555.91
2002	625.27	599.50	558.30
2003	558.01	538.52	498.10
2004	441.28	433.67	401.82

(3) 模型结果分析

首先从模型结果可以看出，虽然向区域创新系统阶段逐步判别模型中输入了 9 项指标，但模型的输出结果表明其中只有 5 项指标对判别结果有显著影响。这 5 项指标分别为：R&D 投入(ERD)，R&D 人员数量(RDT)，发明专利数量(AIP)，技术合同签订数量(ACT)，EI、SCI、ISTP 收录的科技论文数量(PAP)对区域创新系统各阶段的划分具有显著作用。

其次，判别分析一般使用非标准化数据作为输入，本章分别使用发达地区的 72 个样本的指标数据和标准化数据建立了逐步判别模型，两个模型的判别结果是完全一致的。但是由于对数据进行了标准化处理之后，各指标具有相同的量纲，因而在各类别判别函数中，判别系数是各指标的重要程度的一种反映。依判别规则，判别系数越大，说明该指标对判别结果的影响越大。

以区域创新系统起步阶段为例，使用标准化数据得到的区域创新系统起步阶段的判别函数为：

$$f_1 = -185.475 + 45.5883x_1 + 0.01949x_2 + 92.7078x_3 + 0.01862x_4 + 14.2834x_5$$

从判别系数可以看出，对于区域创新系统起步阶段影响较大的指标依次为：发明专利数量(AIP)，R&D 投入(ERD)，技术合同签订数量(ACT)，EI、SCI、ISTP 收录的科技论文数量(PAP)，R&D 人员数量(RDT)。

再次，从表 3-5 和图 3-5 中可以看出，区域创新系统起步阶段的判别分值呈现逐渐下降的趋势，区域创新系统成熟阶段的判别分值呈现逐渐上升的趋势。在区域创新系统起步阶段，f_1 与 f_2 的差值逐渐缩小，直至到成长阶段 f_2 开始大于 f_1，并在以后各阶段 f_2 与 f_1 的差值逐渐扩大。在区域创新系统的成长阶段，f_2 与 f_3 的差值逐渐缩小，直至到成熟阶段 f_3 开始大于 f_2。

可见，在某一阶段的发展过程中，本类判别值与下一类判别值之间的差距呈逐渐缩小的趋势，各阶段判别分值的变化反映了区域创新系统逐步变化的过程。

最后，根据实证研究的结果，吉林省区域创新系统处于起步阶段，区域创新系统的发展应遵循起步阶段的发展规律。表 3-6 显示：起步阶段和成长阶段的判别分值的差距呈现逐年缩小的趋势，说明吉林省区域创新系统正在不断向前发展，逐渐从起步阶段向成长阶段迈进。

表 3-6 吉林省区域创新系统各年起步阶段与成长阶段判别分值之差

年 份	1989	1990	1991	1992	1993	1994	1995	1996
判别分值之差*	47.13	45.67	42.22	33.97	22.91	43.2	36.23	26.29
年份	1997	1998	1999	2000	2001	2002	2003	2004
判别分值之差*	20.37	32.41	33.12	33.72	26.35	25.77	19.49	7.61

* 表示起步阶段与成长阶段判别分值之差。

第四章 区域创新系统资源投入与产出的结构研究

创新是知识经济时代社会发展和进步的重要推动力(Sternberg & Arndt, 2001)。科学研究与技术开发是创新活动的关键内容,目的是推动经济增长和社会进步。人们对创新活动与经济之间联系的研究,也经历了不同的阶段。在很长一段时间内,创新与经济之间被认为存在着这样一个连续的线性过程:基础科学研究—应用科学和技术开发—经济的增长—国家的繁荣昌盛(Narin & Olivastro,1992)。而后,这个观点逐渐被创新资源的投入产出模型所取代,并认为环境因素共同影响着区域创新系统的发展(Pavitt,1997;Stenmuller,1994;David et al.,1997)。但对于发展中的国家或地区而言,创新资源投入具有相当大的约束条件,因此,探索区域创新系统投入与产出的结构,进而结合区域创新系统各个阶段的特点优化区域创新系统所处阶段的投入产出结构,提高区域创新系统资源配置效率成为本章需要解决的核心问题。

一、变量体系的构建

(一)体系指标的选取原则

根据前文对区域创新系统资源配置的基本理论的分析来设计和确定区域创新系统资源配置效率评价指标体系。依据区域创新系统资源配置效率评价研究的内容,本章主要从以下两个方面进行区域创新系统资源配置效率评价指标体系的设计:其一,设计区域创新系统资源配置效率测度的指标体系;其二,设计影响区域创新系统资源配置效率变化的环境指标体系,即调节变量指标体系。

前者主要是基于前文对区域创新系统资源配置行为的理解,从科技投入产出两方面进行效率测度指标体系的构建。从而,这种效率研究模式将区域创新系统资源配置系统看做“黑箱”，不关注系统内部结构、运作机制及其同外部环境的相互作用关系，而只强调系统呈现的配置结果。后者的研究模式在于将区域创新系统资源配置系统这一“黑箱”打开，关注系统的结构、运行机制及其同环境的相互作用关系，研究产生这一配置结果的原因，从而关于效率测度指标体系的设计。本书更多的关注于基础性核心资源要素指标的选取，而关于影响因素的选取及其指标体系的设计，则更多倾向于整体功能性科技资源要素和配置环境两方面的因素分析及指标的选取。指标体系的设计是一项十分复杂的系统工程，涉及经济学、统计学、社会学等诸多领域，为保证其科学性，在设计过程中必须遵循以下原则：

1. 目的性原则

指标体系应是对科技创新系统本质、结构的客观描述，应为区域科技创新系统效率计算的目的服务，为探索区域创新系统的投入产出结构，进而评价资源配置效率提供依据。

2. 科学性原则

所谓科学性原则主要指以下三方面：

(1) 特征性——指标应能反映区域创新系统效率的特征，这其实也是指标这一术语的基本涵义。

(2) 准确性——指标的概念要正确，涵义要清晰，尽可能避免或减少主观判断，对难以量化的要素应采取定性与定量相结合的方法来设置指标。

(3) 完备性——指标体系的全面性，指标体系应围绕评价区域创新系统这一目的，全面反映评价对象，不能遗漏重要方面或有所偏颇。否则，计算结果就不能客观、真实、全面地反映区域创新系统的效率。

3. 精炼性和简明性原则

一套指标体系可能包含许多指标，如何把一些简单精炼而又说明问题本质的指标提炼出来，则是一项非常重要而又需要许多理论研究和实践经验的任务。指标是对原始信息的提炼与转化，不宜过于繁琐，个数不宜过多，以避免因陷于过多细节而不能把握区域科技创新系统的本质，从而影响资源配置效率计算的准确性，同时，指标的精炼可减少资源配置效率计算的时间和成本。

4. 互斥性与有机结合原则

指标体系是由一组相互间具有密切联系的个体指标所构成的，而不是许多指标的堆砌。互斥性原则是指标之间不应有很强的相关性，不应出现过多的信息包容、涵盖而使指标内涵重叠。但指标之间完全独立无关常常是很难做到的，一方面是因为事物各方面往往本身就是相关的，如产品的技术含量与经济效益；另一方面，指标之间绝对的无关往往就构不成一个有机整体，因此指标之间应有一定的内在逻辑关系。

5. 可行性和可操作性原则

指标的设计应考虑到现实的可能性，同时要充分考虑与指标相关的数据和信息的可采集性和可量化性等。

（二）投入变量体系设计

Nasierowski & Arcelus 的研究指出，区域创新系统的投入应该反映区域通过自身生产或者购买系统外部技术等方式改善技术的能力。由于通过自主创新或者购买域外技术都需要人力资源和财力资源作为投入，因此之前大量研究者都将区域创新系统的投入分为两类：财力资源投入和人力资源投入。本书沿用这种分类方法，根据科学性与数据可获得性的原则，选择 R&D 投入(ERD)、科技投入(EST)、地方财政科技拨款(LAF)、地方财政科技拨款占地方财政支出的比例(PRO)、科委管理经费投入(EOC)作为区域创新系统财力资源投入的变量。

科技人才创新能力是一个复杂的多因素的综合能力，且其各个构成因素无法用精确的数据来度量。胡瑞卿(2005)把科技人才创新能力分为五个主因素，即创新性思维的能力、创新性提问的能力、创新性分析问题的能力、创新性解决问题的能力、其他方面的创新性能力，并运用模糊评价法对科技人才每个层次、每个方面的创新水平进行加权综合测评。

由于本书关注于区域创新系统的人力资源投入，因此并不从微观角度度量科技人才的能力，以及能力各个维度对科技产出的贡献程度。根据数据的必要性和可获得性，选取 R&D 人员数量(RDT)、科学家与工程师数量(SCE)、科技活动人员数量(STP)作为区域创新系统人力资源投入的变量。

（三）产出变量体系设计

傅家骥指出，创新最终目的是技术的商业化应用和创新产品的市场成功。因此，创新系统的产出应该反映在两个方面：反映创新主体素质的“科技成果产出”和反映经济效益的“产业成果产出”。由于专利较接近创新的商业应用和专利数据能较全面地反映各地区发明和创新信息，专利常用来作为衡量创新系统“科技成果产出”的指标。同样的，论文是新知识产生的体现，同样也反映了一个地区创新主体的素质。而高新技术产业产值、民营企业技工贸总收入等指标则反映出创新对经济运行质量和效益的促进，这些指标的高低反映出一个地区的创新成果商业化应用和创新产品的市场成功。依据指标合理性与数据可获得性两个原则，本书选择专利申请量(APP)，专利授权量(APU)，发明专利数量(AIP)，技术合同签订数量(ACT)，成交技术合同金额(SCT)，

EI、SCI、ISTP收录的科技论文数量(PAP),科技成果数量(PST),获国家科技成果奖数量(ANP),获上海市科技进步奖数量(ASP)作为"科技成果产出"的度量变量;选取高新技术产业产值(SPI)、高新技术企业(AHF)、民营科技企业数量(APF)、民营企业技工贸总收入(STP)作为"产业成果产出"的度量变量。

(四) 调节变量体系设计

在区域创新系统内,有很多重要的环境因素虽然不是区域创新系统的投入,但是却可以影响创新系统的产出,进而影响资源配置效率。换句话说,通过DEA模型得到的效率值,除了由投入、产出指标经DEA模型生成之外,还受到投入、产出指标之外的"环境"因素的影响[7]。本书将这类影响因素称之为区域创新系统的调节变量。在评估变量对决策单元的有效性的贡献程度时,应该区别对待投入变量与调节变量。

Coelli等探讨了用来研究调节变量对决策单元相对有效性的影响的四种方法[21],并肯定了其中的一种处理方法,这种方法被Coelli等人(1998)称为"两阶段法"(Two-Stage Method):第一步先通过DEA模型评估出决策单位的相对效率值;第二步,以效率值作为因变量,以各个环境因素(解释变量,不能与第一步中的投入、产出指标相同)作为自变量,构建的Tobit回归模型,并由解释变量的系数判断环境因素对效率值的影响方向与影响强度。

由于效率值(被解释变量)的取值有一定约束,其取值范围是一个半开半闭区间(0,1],因此效率值只能以受限制的方式被观测到,此时若用普通最小二乘法对模型直接回归,参数的估计将是有偏且不一致的。为解决这一类问题,Tobin于1958年提出解决该类问题的计量经济学模型,其基本结构如下:

$$y_i=\begin{cases}\beta^{\mathrm{T}}X_i+e_i, & \beta^{\mathrm{T}}X_i+e_i>0\\ 0, & \beta^{\mathrm{T}}X_i+e_i\leqslant 0\end{cases}$$

其中,X_i是$(k+1)$维的解释变量向量,β^{T}是$(K+1)$维的未知参数向量,e_i服从正态分布$N(0,\sigma^2)$。此模型被称为截取回归模型(Censored Regression Model),又称为"Tobit模型"。Tobit模型的一个重要特征是,解释变量X_i取实际观测值,而被解释变量Y_i只能以受限制的方式被观测到:当$Y_i>0$时,"无限制"观测值均取实际的观测值;当$Y_i\leqslant 0$时,"受限"观测值均截取为0。可以证明,用最大似然估计法估计出Tobit模型的β^{T}和σ^2是一致估计量。

本章根据之前学者对区域创新系统的研究,选取以下三个变量作为区域创新系统的调节变量。分别是:(1)区域总人口(POP),这个变量常被用来表征区域吸收新技术的潜在能力,不管技术是由创新系统自主生产还是由域外购买获得；(2) 国内生产总值(GDP)，GDP 作为一个区域财富的测度尺度，常被用来表征区域生产新技术的能力；(3) 文盲率(ILL)，这个变量常用来表征区域对新技术的吸收速度。

如上所述，我们将区域创新系统内的变量分为三类，即投入变量、产出变量以及调节变量，如表 4-1 所示。设决策单元个数为 n，投入变量和调节变量的总数为 m，产出变量的个数为 s，则我们的评估模型尚不满足 DEA 模型的使用通则(The rule of thumb in DEA)[12]：$n>\max[m\times s,3(m+s)]$。因此在利用 DEA-Tobit 对资源配置效率变化特征进行研究之前，我们从数据化简的角度和结构探究两个角度，需要利用探索性因子分析对指标进行必要的化简。

表 4-1　区域创新系统的投入变量、产出变量和调节变量

投入	人力资源	STP	科技活动人员
		SCE	科学家、工程师
		RDT	R&D 人员
	财力资源	EST	科技投入
		ERD	R&D 投入
		LAF	地方财政科技拨款
		PRO	地方财政科技拨款/地方财政支出
		EOC	科委管理拨款
产出	科技成果	APP	专利申请量
		APU	专利授权量
		AIP	发明专利
		ACT	技术合同签订数
		SCT	成交技术合同金额
		PAP	EI、SCI、ISTP 收录的科技论文数
		PST	科技成果
		ANP	获国家科技成果奖
		ASP	获×××省科技进步奖
	产业成果	SPI	高新技术产业产值
		AHF	高新技术企业
		APF	民营科技企业数
		STP	民营企业技工贸总收入
调节		POP	人口数量
		GDP	国内生产总值
		ILL	文盲率

二、区域创新系统资源投入与产出的研究方法

(一) 探索性因子分析的目的

现实生活中的事物是错综复杂的,在现实的数据中,我们经常遇到的是多元的情况,而不仅仅是单一的自变量和单一的因变量。因此要用到多元的分析方法,而因子分析就是其中一种非常重要的处理降维的方法。它是将具有错综复杂关系的变量(或样品)综合为少数几个因子,以再现原始变量与因子之间的相互关系,同时根据不同因子还可以对变量进行分类。它实际上就是一种用来检验潜在结构是怎样影响观测变量的方法。探索性因子分析(exploratory factor analysis)致力于找出事物内在的本质结构。

探索性因子分析的基本思想是通过变量的相关系数矩阵内部结构的研究,找出能控制所有变量的少数几个随机变量去描述多个变量之间的相关关系,但在这里,这少数几个随机变量是不可观测的,通常称为因子。然后根据相关性的大小把变量分组,使得同组内的变量之间相关性较高,但不同组的变量相关性较低。

如图 4-1 所示,假定一个模型,它表明所有的观测变量(变量 1 到变量 5)

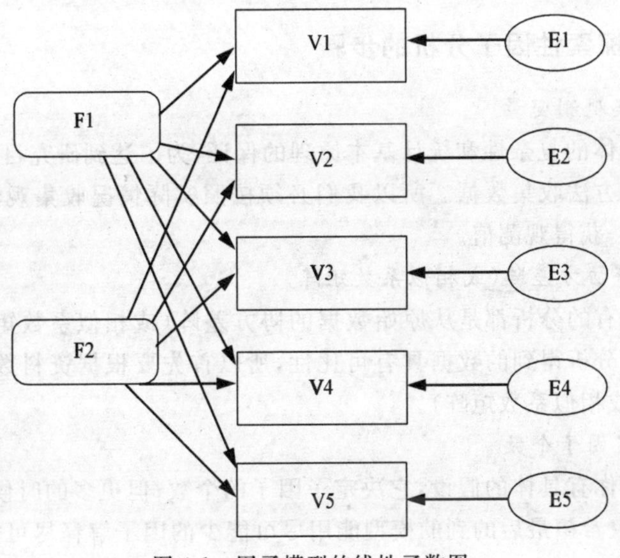

图 4-1　因子模型的线性函数图

是一部分受到潜在公共因子(因子 1 和因子 2)影响,一部分受到潜在特殊因子(E1 到 E5)影响的。而每个因子和每个变量之间的相关程度是不一样的,可能某给定因子对于某些变量的影响要比对其他变量的影响大一些。

可以把图 4-1 的因子模型表示成线性函数:

$$X_1 = a_{11}F_1 + a_{12}F_2 + \varepsilon_1$$
$$X_2 = a_{21}F_1 + a_{22}F_2 + \varepsilon_2$$
$$X_3 = a_{31}F_1 + a_{32}F_2 + \varepsilon_3$$
$$X_4 = a_{41}F_1 + a_{42}F_2 + \varepsilon_4$$
$$X_5 = a_{51}F_1 + a_{52}F_2 + \varepsilon_5$$

其中 F_1, F_2 表示两个因子,它对所有 $X_i(i=1,2,\cdots,5)$ 是公有的因子,通常称为公共因子,它们的系数 $a_{ij}(i=1,2,\cdots,5;j=1,2)$ 表示第 i 个变量在第 j 个因子上的载荷。$\varepsilon_i(i=1,2,\cdots,5)$ 表示第 i 个变量不能被前两个因子包括的部分,称为特殊因子,通常假定 $\varepsilon_i \cdot N(0,\sigma_i^2)$。

高度相关的观测变量(不管是正相关还是负相关)很可能是受同样的因子影响,而相对来说相关程度不是很高的观测变量很可能是受不同的因子影响的。而因子必须尽可能多地解释变量方差,每个变量在每个因子上都有一个因子载荷,因子的意义需由看哪些变量在哪个因子上载荷最大来决定。通过寻找潜在公共因子,并合理解释因子的意义,就能揭示错综复杂的事物的内部结构。

(二) 探索性因子分析的步骤

1. 收集观测变量

由于总体的复杂性和统计基本原理的保证,为了达到研究目的,我们通常采用抽样的方法收集数据。所以我们必须按照实际情况收集观测变量,并对其进行观测,获得观测值。

2. 获得协方差阵(或相似系数矩阵)

我们所有的分析都是从原始数据的协方差阵(或相似系数矩阵)出发的,这样使我们分析得到的数据具有可比性,所以首先要根据资料数据获得变量协方差阵(或相似系数矩阵)。

3. 确定因子个数

有时候你有具体的假设,它决定了因子的个数;但更多的时候没有这样的假设,你仅仅希望最后的到的模型能用尽可能少的因子解释尽可能多的方差。如果你有 k 个变量,你最多只能提取 k 个因子。通过检验数据来确定最优因子个数的方法有很多。Kaiser 准则要求因子个数与相关系数矩阵的特征根个数相等;而 Scree 检验要求把相关系数矩阵的特征根按从小到大的顺序排列,绘制成图,然后来确定因子的个数。究竟采用哪种方法来确定因子个数,具体操作时可以视情况而定。

4. 提取因子

因子的提取方法也有多种,主要有主成分法、不加权最小平方方法、极大似然法等,我们可以根据需要选择合适的因子提取方法。其中主成分方法是一种比较常用的提取因子的方法,它是用变量的线性组合中,能产生最大样品方差的那些组合(称主成分)作为公共因子来进行分析的方法。

5. 因子旋转

由于因子载荷阵的不唯一性,可以对因子进行旋转,而正是由于这一特征,使得因子结构可以朝我们可以合理解释的方向趋近。我们用一个正交阵右乘已经得到的因子载荷阵(由线性代数可知,一次正交变化对应坐标系的一次旋转),使旋转后的因子载荷阵结构简化。旋转的方法也有多种,如正交旋转、斜交旋转等,最常用的是方差最大化正交旋转。

6. 解释因子结构

我们最后得到的简化的因子结构是使每个变量仅在一个公共因子上有较大载荷,而在其余公共因子上的载荷比较小,至多是中等大小。这样我们就能知道我们所研究的这些变量到底是由哪些潜在因素(也就是公共因子)影响的,哪些因素是起主要作用的,而哪些因素的作用较小,甚至可以不用考虑。

7. 因子得分

因子分析的数学模型是将变量表示为公共因子的线性组合,由于公共因子能反映原始变量的相关关系,用公共因子代表原始变量时,有时更利于描述研究对象的特征,因而往往需要反过来将公共因子表示为变量的线性组合,即因子得分。

三、区域创新系统的投入结构分析

(一) 区域创新系统投入维度的探索性因子分析

上海市创新系统投入与产出的部分数据来源是上海市科学技术委员会的官方网站:http://www.stcsm.gov.cn/index.asp;其余数据来源于中国统计出版社出版的《中国科技统计年鉴 2006》和《中国统计年鉴 2006》。

上海市创新系统的资源投入数据分为人力资源和财力资源两个方面，如附表所示。

首先，找出上海市创新系统的资源投入指标的公共因子，如表4-2所示。根据特征根大于1的原则，识别出上海市创新系统的资源投入指标的公共因子有两个：第一个公共因子的方差贡献率为60.838%；第二个公共因子的方差贡献率为31.519%。两个公共因子的累积方差贡献率为92.357%。

表4-2　各公共因子的方差贡献率与累计方差贡献率表(区域创新系统投入)

Component	Initial Eigenvalues			Rotation Sums of Squared Loadings		
	Total	% of Variance	Cumulative %	Total	% of Variance	Cumulative %
1	5.264	65.798	65.798	4.867	60.838	60.838
2	2.125	26.559	92.357	2.522	31.519	92.357
3	0.323	4.037	96.394			
4	0.147	1.834	98.229			
5	0.129	1.617	99.846			
6	0.009	0.111	99.957			
7	0.003	0.037	99.994			
8	0.000	0.006	100.000			

其次，通过旋转后的正交因子载荷矩阵，分析两个公共因子与各变量之间的关系。如表4-3所示，科技活动人员数量(STP)、科学家与工程师数量(SCE)、R&D人员数量(RDT)可以归结为因子2，我们将其命名为“区域创新系统人力资源投入因子”。而科技投入(EST)、R&D投入(ERD)、地方财政科技拨款(LAF)、地方财政科技拨款占地方财政支出的比例(PRO)、科委管理经费投入(EOC)可以归结为因子1，我们将其命名为“区域创新系统财力资源投入因子”。

表4-3　旋转后的正交因子载荷矩阵(区域创新系统投入)

	Component	
	1	2
STP	−0.195	0.937
SCE	0.225	0.925
RDT	0.544	0.775

续　表

	Component	
	1	2
EST	0.974	0.035
ERD	0.991	0.054
LAF	0.940	0.271
PRO	0.850	0.331
EOC	0.973	−0.029

从上面的分析可以看出，区域创新系统资源投入变量体系的结构与我们之前构建资源投入变量体系所进行的分类不谋而合。区域创新系统资源投入变量体系可以提炼为“区域创新系统人力资源投入因子”和“区域创新系统财力资源投入因子”，而且“区域创新系统财力资源投入因子”的方差贡献率比“区域创新系统人力资源投入因子”的方差贡献率要大。

(二) 区域创新系统的财力资源投入

如图 4-2 所示，区域创新系统财力资源的五个维度，科技投入(EST)、R&D 投入(ERD)、地方财政科技拨款(LAF)、地方财政科技拨款占地方财政支出的比例(PRO)和科委管理经费投入(EOC)的变化路径中历年增幅最为明显的是地方财政科技拨款(见 2003 年度至 2005 年度)。虽然从地方财政科技拨款占地方财政支出的比例(PRO)的变化路径可以看出，地方财政科技拨款与地方财政支出的比例没有明显提高，但由于地方财政支出的大幅增加，地方财政科技拨款也得到了强有力的投入。

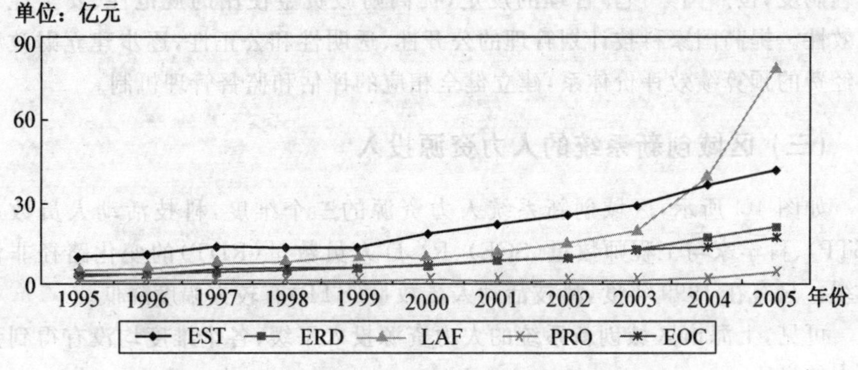

图 4-2　区域创新系统财力资源各个维度变化路径

但如图 4-3 所示，区域创新系统的技术合同签订数量(ACT)和 EI、SCI、ISTP 收录的科技论文数量(PAP)在对应年度(2003—2005 年度)并没有显著提高，尤其是区域创新系统的技术合同签订数量(ACT)在 2003 年度至 2004 年度反而有小幅度的降低。

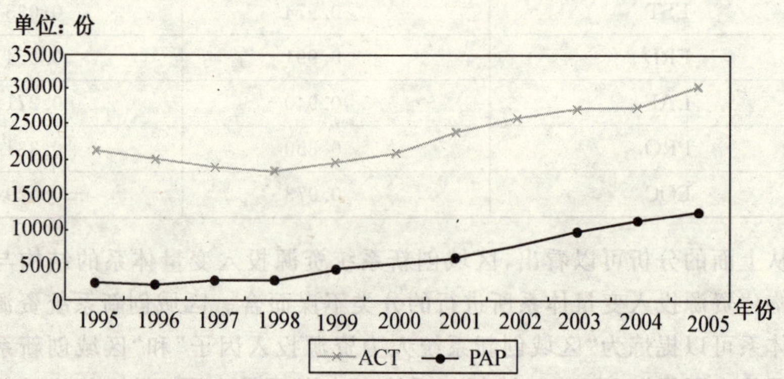

图 4-3 技术合同签订数量和 EI、SCI、ISTP 收录的科技论文数量变化路径

《国家中长期科学和技术发展规划纲要(2006—2020 年)》指出：未来 15 年，我国在科技投入方面的总体思路是树立“政府引导型”全社会科技投入新方略。为了实现这一目标，首先要建立合理的科技投入体系。在确保政府科技投入大幅增长的基础上提高企业的投入比重，要通过科技投入机制的改革变“政府主体”为“社会主体”，坚决走市场化道路，引导企业和社会增加科技投入，形成政府、企业、社会多元化、多渠道、高效率的科技投入体系，使全社会研究开发投入占国内生产总值的比例逐年提高。其次，要提高科技经费的使用效益。加强对基础研究、前沿技术研究、社会公益研究，以及科技基础条件和科学普及的支持。建立和完善适应科学研究规律和科技工作特点的科技经费管理制度，按照国家预算管理的规定，提高财政资金使用的规范性、安全性和有效性。提高国家科技计划管理的公开性、透明性和公正性，逐步建立财政科技经费的预算绩效评价体系，建立健全相应的评估和监督管理机制。

(三) 区域创新系统的人力资源投入

如图 4-4 所示，区域创新系统人力资源的三个维度，科技活动人员数量(STP)、科学家与工程师数量(SCE)、R&D 人员数量(RDT)的变化路径非常平缓。只有在 1999 年度，科技活动人员数量(STP)有较大幅度降低。

可见，上海市区域创新系统的人力资源投入平缓，各个维度均没有得到强有力的投入。

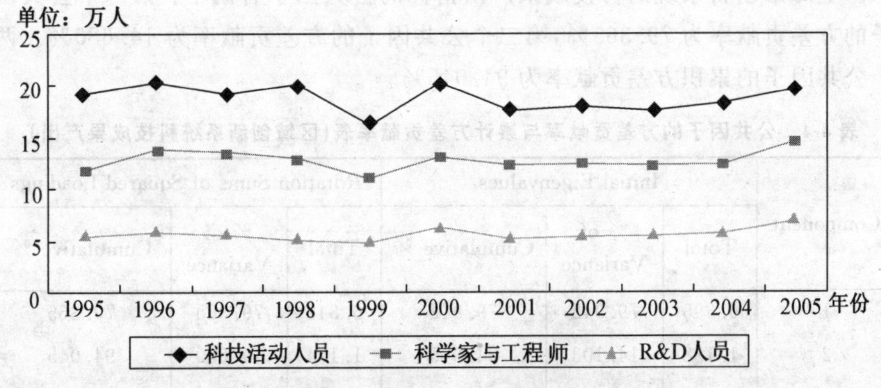

图 4-4 区域创新系统人力资源各个维度变化路径

人力资源是区域创新系统资源的第一要素[12][26][105]。牢固树立人才资源是第一资源的观念，一方面要形成有利于优秀人才脱颖而出的体制和机制，使我国科技创新事业人才辈出。根据不同类型人才成长规律，建立不同的人才培养模式；根据市场规律，建立人才流动和创业的新机制。另一方面，要转变观念，全方位、多层次地引入、建设科技人才队伍。通过建立和健全人才培养机制，最大限度地激发科技人员的创新激情和活力，提高创新效率。要重视科学创新团队的建设。科技创新事业发展到今天，决定了它在大多数情况下都不再是个人的事业，而是需要很多人的协作才能完成的整个团队的事业。要倡导团结协作的团队精神，要依托国家重大人才培养计划、重大科研和重大工程项目、重点学科和重点科研基地、国际学术交流和合作项目，积极推进创新团队建设，努力培养一批德才兼备、国际一流的科技尖子人才、国家级科技大师和科技领军人物，特别是要抓紧培育造就一批中青年高级专家，同时建设具有较强创新能力的科学创新团队。

四、区域创新系统的产出结构分析

（一）区域创新系统产出维度的探索性因子分析

本书将创新系统的产出分为“科技成果产出”和“产业成果产出”。由于两个方面囊括的指标较多，因此本书分别通过探索性因子分析来探究其结构。

（1）区域创新系统的科技成果产出结构

首先，找出上海市创新系统的科技成果产出指标的公共因子，如表 4-4 所示。上海市创新系统的科技成果产出指标的公共因子有两个：第一个公共因子的方差贡献率为79.365%，第二个公共因子的方差贡献率为14.680%。两个公共因子的累积方差贡献率为94.045%。

表 4-4　公共因子的方差贡献率与累计方差贡献率表(区域创新系统科技成果产出)

Component	Initial Eigenvalues			Rotation Sums of Squared Loadings		
	Total	% of Variance	Cumulative %	Total	% of Variance	Cumulative %
1	6.395	79.942	79.942	6.349	79.365	79.365
2	1.128	14.103	94.045	1.174	14.680	94.045
3	0.185	2.309	96.354			
4	0.136	1.699	98.053			
5	0.120	1.501	99.554			
6	0.022	0.272	99.826			
7	0.013	0.160	99.986			
8	0.001	0.014	100.000			

其次，通过旋转后的正交因子载荷矩阵，分析科技成果产出的两个公共因子与各变量之间的关系。如表 4-5 所示，专利申请量(APP)，专利授权量(APU)，发明专利数量(AIP)，技术合同签订数量(ACT)，成交技术合同金额(SCT)，EI、SCI、ISTP 收录的科技论文数量(PAP)，科技成果数量(PST)，获上海科技进步奖数量(ASP)可以归结为因子 1，我们将其命名为"科技成果产出数量因子"。而获国家科技成果奖数量(ANP)可以归结为因子 2，我们将其命名为"科技成果产出质量因子"。

表 4-5　旋转后的正交因子载荷矩阵(区域创新系统科技成果产出)

	Component	
	1	2
APP	0.956	−0.183
APU	0.903	−0.212
AIP	0.934	0.166
ACT	0.965	−0.066
SCT	0.972	−0.131

续 表

	Component	
	1	2
PAP	0.978	−0.140
PST	0.942	0.179
ASP	0.838	−0.158
ANP	−0.070	0.992

通过上述分析可以看出，科技成果产出应该从数量和质量两个维度进行描述和评价。同时可以看出，指标上海科技进步奖数量(ASP)不能作为科技成果产出质量的标志，因此，在之后计算因子得分的步骤中，我们将此指标剔出。

(2) 区域创新系统的产业成果产出结构

同样的步骤可以找出上海市创新系统的产业成果产出指标的公共因子，如表 4-6 所示。提取的公共因子只有一个，其方差贡献率为 90.543%。通过旋转后的正交因子载荷矩阵(见表 4-7)可以看出，高新技术产业产值(SPI)、高新技术企业(AHF)、民营科技企业数(APF)、民营企业技工贸总收入(STP)可归结为此公共因子，我们将其命名"产业成果产出因子"①。

表 4-6 公共因子的方差贡献率与累计方差贡献率表(区域创新系统产业成果产出)

Component	Initial Eigenvalues			Extraction Sums of Squared Loadings		
	Total	% of Variance	Cumulative %	Total	% of Variance	Cumulative %
1	3.622	90.543	90.543	3.622	90.543	90.543
2	0.359	8.987	99.530			
3	0.014	0.342	99.872			
4	0.005	0.128	100.000			

① 由于唯一的主因子的方差贡献率很大，数据信息经过分析后损失较小，我们将在第 4 章的分析中，将上海市创新系统各年在"产业成果产出因子"上的因子得分作为衡量上海市各年区域创新系统在产业成果产出水平的指标变量。并对"人力资源投入因子"、"财力资源投入因子"和"科技成果产出数量因子"，以及"科技成果产出质量因子"四个因子作同样处理。

表 4-7　旋转后的正交因子载荷矩阵(区域创新系统产业成果产出)

	Component
	1
SPI	0.966
AHF	0.993
APF	0.879
STP	0.965

(二) 区域创新系统的科技成果产出数量

如图 4-5 和图 4-6 所示,在 2005 年度,上海市区域创新系统共受理专利申请 32741 件,而在 2005 年度,北京市创新系统专利申请总量为 22572 件。但是北京市区域创新系统的发明专利以及实用新型专利申请量比上海市区域创新系统的数量高,北京市区域创新系统只是在外观设计申请量上与上海市区域创新系统相差很多,使授权总量低于上海市区域创新系统;但在发明专利申请方面,北京市区域创新系统在 2005 年度达到 12102 件,在全国排名第一,这说明北京市区域创新系统比上海市区域创新系统在原始性创新方面更具实力。

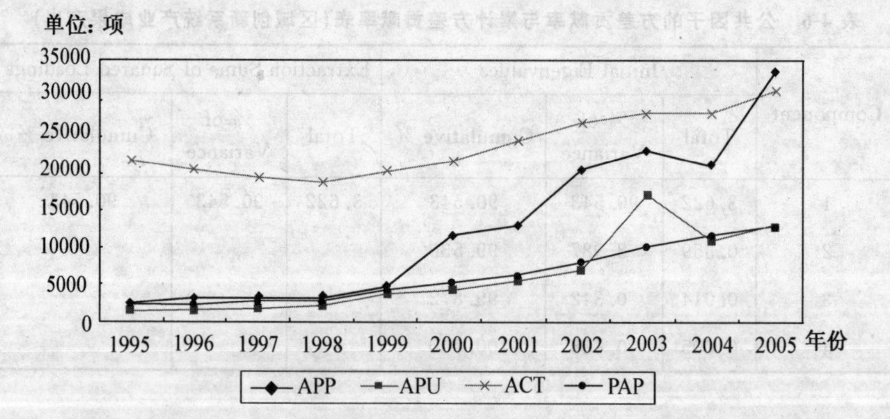

图 4-5　区域创新系统科技成果产出数量各个维度变化路径(a)

从图 4-5 和图 4-6 中可以看出,除了专利申请量(APP)和专利授权量(APU)在 2003 年度至 2004 年度有一定幅度的降低以外,区域创新系统科技成果产出数量的各个维度均是稳步攀升。其中,发明专利数量(AIP)在 2002

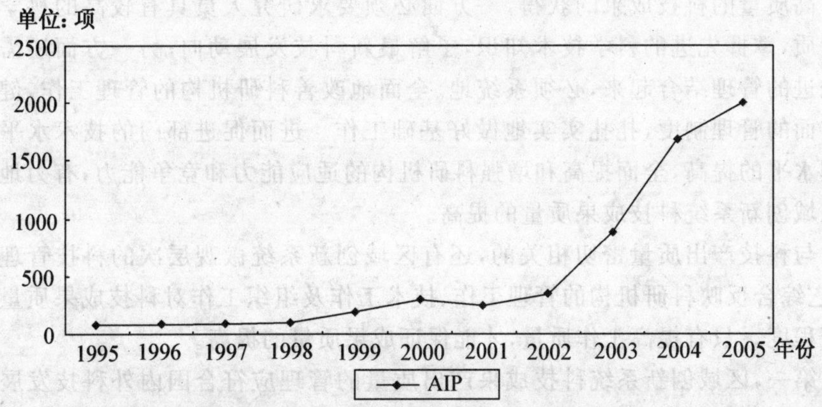

图 4-6　区域创新系统科技成果产出数量各个维度变化路径(b)

年度至 2005 年度增幅极大，远超过区域创新系统科技成果产出数量的其他维度。

(三) 区域创新系统的科技成果产出质量

从图 4-7 可以看出，表征区域创新系统科技成果产出质量的国家科技成果奖(ANP)的变化较大。在 1995 年度至 2001 年度，区域创新系统科技成果产出质量逐渐降低；从 2001 年度开始，区域创新系统科技成果产出质量逐渐提高。

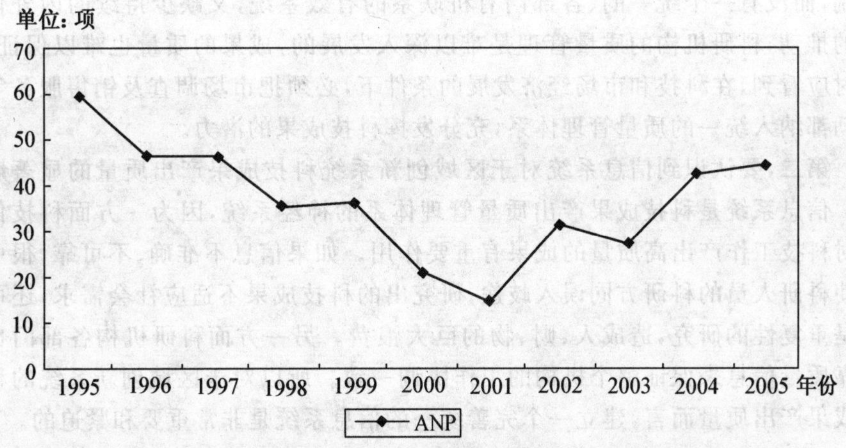

图 4-7　区域创新系统科技成果产出质量各个维度变化路径

高质量的科技成果的获得，一方面必须要求研究人员具有较高的科学文化素质，掌握先进的科学技术知识，了解最新科技发展动向；另一方面还需要同先进的管理结合起来，必须系统地、全面地改善科研机构的管理工作，健全各方面的管理制度，扎扎实实地做好基础工作。进而促进部门的技术水平和管理水平的提高，全面提高和增强科研机构的适应能力和竞争能力，有力地促进区域创新系统科技成果质量的提高。

与科技产出质量密切相关的，还有区域创新系统微观层次的科技管理质量，它综合反映科研机构的管理工作、技术工作及组织工作对科技成果质量的保证程度。只有提高工作质量，才能保证成果质量的提高。

第一，区域创新系统科技成果产出质量的管理应符合国内外科技发展趋势和当前市场需要为前提，以发挥科技成果最大经济效益为目标，否则再好的科技成果也只能是纸上谈兵，无法实现其应用价值。科研机构的基本任务是向社会或用户提供高质量的成果，而高质量的成果则需要一定的质量管理活动来实现。质量管理是通过质量体系来完成各项质量活动的。科研机构的质量体系是科研机构为保证科技成果的质量，从开发、研究、试制、应用服务等全过程建立起一套严密、协调、高效的管理系统，并明确规定各部门、各环节人员在质量管理中的任务、职责和权限，制订出各种标准和制度，建立统一的管理机构和信息系统，形成一个质量管理过程的有机整体。因为科技成果的质量不仅是科研人员动用智力研究出来的，还和科研机构内外部的质量管理水平有直接关系。如果仅从解决成果本身的质量问题着眼，限于个别具体环节的控制，而没有一个统一的、各部门有机联系的有效系统，又缺少持续的内外信息的推动，科研机构的质量管理是难以深入发展的，成果的质量也难以保证。同时应看到，在科技和市场经济发展的条件下，必须把市场调查及销售服务等活动都纳入统一的质量管理体系，充分发挥科技成果的潜力。

第二，要认识到信息系统对于区域创新系统科技成果产出质量的显著影响。信息系统是科技成果产出质量管理体系的神经系统，因为一方面科技信息对科技工作产出高质量的成果有重要作用。如果信息不准确、不可靠，很可能使科研人员的科研方同误入歧途，研究出的科技成果不适应社会需求，还可能是重复性的研究，造成人、财、物的巨大浪费。另一方面科研机构各部门也应靠质量信息来保证整个机构的工作协调一致。所以对于区域创新系统的科技成果产出质量而言，建立一个完善统一的信息系统是非常重要和紧迫的。

（四）区域创新系统的产业成果产出

从图 4-8 和图 4-9 可以看出，表征区域创新系统产业成果产出的三个维度：高新技术产业产值(SPI)、高新技术企业(AHF)、民营企业技工贸总收入(STP)在1995年度至2005年度都稳步攀升，而民营科技企业数(APF)在2003年度至2005年度有所下滑。

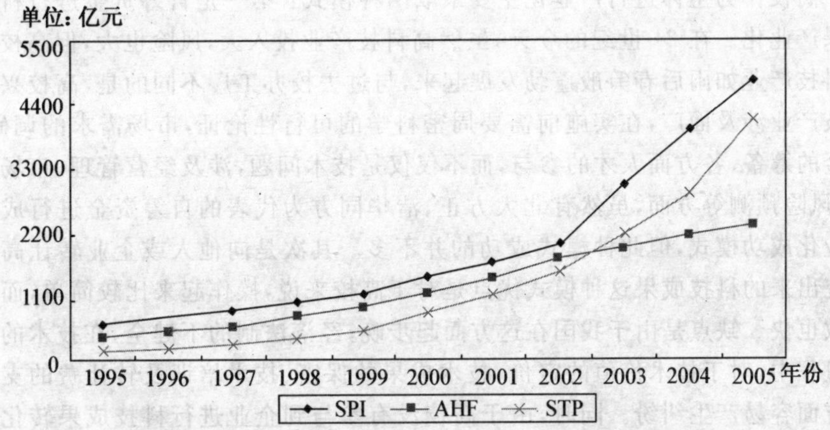

图 4-8 区域创新系统产业成果产出各个维度变化路径(a)

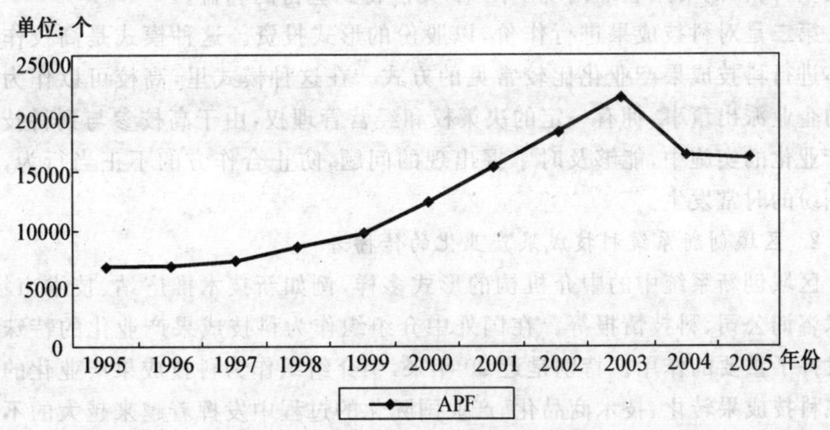

图 4-9 区域创新系统产业成果产出各个维度变化路径(b)

区域创新系统的产业成果产出维度主要聚焦于科技成果产业化的各个主体的运行效率。科技成果产业化的主体从内涵上可以理解为科技成果产业化的具体实施者，从外延上它包括研究机构、高等院校、企业、中介机构以及政府的有关组织，但各地区的侧重点有所不同，或在不同的时期重视的程度不一。共同点是这些主体的主观愿望都是迫切希望加速科技成果产业化进程，把科技成果转化为生产力，产生巨大的经济效益。这些不同主体，由于在产业化环节中的不同作用，受自身运行机制的制约和不同的利益取向，在科技成果产业化的运行过程中体现出不同的特点。

1. 区域创新系统科技成果产业化的提供者

高校作为主体进行产业化主要采取两种模式：第一是自筹资金进行科技成果产业化。在21世纪的今天，虽然高科技产业投入大，风险也大，但高校兴办科技产业如雨后春笋般蓬勃发展起来，与过去校办工厂不同的是，高校兴办科技产业涉及面广，在实施前需要周密科学的可行性论证，市场需求的调研，资金的筹备，各方面人才的参与，而不仅仅是技术问题，涉及经营管理、市场营销、风险预测等方面，虽然有北大方正、清华同方为代表的自筹资金进行成果产业化成功模式，但此种模式成功的并不多。其次是向他人或企业转让高校研究出来的科技成果这种模式优点是对于高校来说，操作起来比较简单，而且收效也快。缺点是由于我国在这方面起步晚，经济法制的不健全，在技术的转让过程中，对于技术价值的定价、技术成果的保密、技术培训及转让费的支付等方面容易产生纠纷。同时，由于高校没有参与到企业进行科技成果转化的生产经营，对于在这一过程出现的问题无法掌握，这样有关双方责任的纠纷时常发生，高校的费用收取出现了困难，无法得到应得的利益。

第二是对科技成果进行作价，以股份的形式投资。这种模式是高校作为主体进行科技成果产业化比较常见的方式。在这种模式里，高校可以作为股东向企业派出董事，拥有一定的决策权和经营管理权，由于高校参与到科技成果产业化的实施中，能够及时掌握出现的问题，防止合作方的不正当行为，防止纠纷的时常发生。

2. 区域创新系统科技成果产业化的传播者

区域创新系统中的中介机构的形式多样，例如新技术推广站、技术市场、技术咨询公司、科技情报等。在国外中介组织作为科技成果产业化的特殊角色发挥了重要的作用。特别是近20年来，中介组织作为科技成果产业化的主体在科技成果转化、技术商品化、产业国际化的过程中发挥着越来越大的不可忽视的作用。

科技孵化器是发达国家极为普遍的一种科技中介服务机构。例如由奥斯丁市政府、工商会、企业和地方所属大学联合组成的奥斯丁技术孵化中心就是中介机构作为主体与科技成果产业化过程的典型例子。它的运行机制为：评估大学研究的成果，选择有市场前景的项目进入孵化，按照市场运行的机制对项目、经营管理、融资等方面进行孵化操作，给予咨询与帮助，政府部门也在经费补助方面给予了资助。早在1961年日本就设置了促进科技成果产业化的特殊法人事业团，这个机构在近几十年在技术开发，促进科技成果转化方面做了大量的工作。

在德国，中介机构是企业与政府、企业与科研机构联系的重要纽带，政府—科研机构—中介—企业之间建立了亲密的合作伙伴关系。这些中介服务重点集中在对中小企业进行融资、信息咨询、技术创新、产品参展、教育培训等方面的工作。

在微观上，政府不直接对企业，而是面对中介机构，中介机构享有政府下放给它的对中小企业的经济补贴的资金分配权，这些补贴政策的实施是通过工商会和联合会行业协会等。例如，AI 工业发展研究协会就是德国最有影响力的技术中介组织之一，它下属有 100 多个工业界的行业，50 万多个企业。在德国中介机构作为科技成果产业化的主体，其作用体现得更加突出，联邦政府通过 AFI 协会促进科研成果尽快在实际中使用。没有协会，企业很难从相关的大学和科研机构获得技术支持。德国的中介机构还参与组织实施国家重点技术项目，对实施项目的全过程进行跟踪，初期项目的评估、项目进展的考评及项目结束的验收，还向项目派出专职观察员。

而我国中介组织作为科技成果产业化的主体力量还很薄弱，中介组织发挥的作用还处于低级阶段，仅限于为企业与科研院所牵线搭桥，从事中介服务的人员普遍存在信誉度不高，素质低，缺少从提供成果的评估、市场咨询、相关政策法规的服务到技术咨询等综合职能，提供更高一级服务的中介组织，这些都严重影响了科技成果的转化率。

3. 区域创新系统科技成果产业化的使用者

发达国家的企业依靠自身强大的经济实力，根据市场的需求，可以作为科技成果产业化的主体进行成果的产业化，而我国大多数企业规模较小，科研人员主要游离于企业之外的科研院所和大专院校，科研资金投入少，研发力量薄弱，在发达国家企业技术开发的投入占全社会技术开发投入的 70%以上，技术开发人员企业也占 70%以上。我国企业技术开发投入占全社会技术开发投入的比重只有 50%多一点，大部分科技开发人员集中在大学、科研院所。科研机构只是单纯进行技术转让，由于其技术成果的持有人与科技成果产业化的主体相分离，即使技术转移了，也很难保证技术成果在实际产业化生产过程中顺利进行，同时企业作为科技成果产业化的主体还存在着在管理企业的决策与方法上，受到政府和上级的束缚，企业自主权落实不到位、生产与科技脱节，企业缺乏依靠技术进步的外在压力和内在动力、企业整体素质不高等因素造成我国科技成果产业化率较低。

在我国过去的计划经济中，政府参与到科技成果产业化中的各个环节，从产业的构建、产品的设计、生产规模的大小都是由政府控制的，因此，计划经济中政府是科技成果产业化的主体。而在社会主义市场经济中,市场的主体是企业,企业应该成为科技成果产业化的主体。一项科技成果走出实验室,要想体现它的市场价值与经济价值必须对科技成果进行二次开发,即科技成果的推广与应用,科技成果再先进、效果再好,而不能上升到产业化,就失去了它存在的价值。而推广与应用应具备两个条件:一是市场的需求;二是要有一定的环境条件与物质基础。在科技成果产业化过程中需要有大量的工艺开发,工艺的开发离不开与工艺配套的设备的设计与制造,而科技成果的二次开发都是在企业实施的。这就需要从事基础开发与基础应用开发以及技术开发、产业化的科研人员相互沟通与交流,共同探讨技术上存在的难题,科技成果产业化是一个连续的类似接力赛的系统工程,使一项成果的各个阶段之间顺利过渡,而不是相互割裂互不联系的分割体。

企业的二次开发活动必须以市场为导向,科技成果产业化的产品在性能与价格上必须满足市场的需求,企业从管理、营销、发展战略到企业整体运作理念需要紧紧围绕市场的变化来协调发展。

4. 区域创新系统科技成果产业化的协调者

政府在科技成果产业化减少与承担风险中起着不可缺少的作用。政府通过宏观调控、计划的手段协调与平衡科技、企业与金融机构的关系,使其达到最优化。政府对科技发展政策的选择直接或间接地影响到高科技的发展及其产业化。实践证明,加快科技成果的产业化,推进高科技成果商品化、产业化和国家化,这些重大的举措,没有政府的宏观调控是难以实现的。因此,政府根据世界高科技的发展与国际产业结构调整趋势,通过政策来引导高科技成果产业化方向,从而可以弥补市场机构的缺陷和不足给高科技成果产业化带来的高风险。另外,政府也可以在高科技成果的研究开发中主动承担产业化的风险。

第五章
区域创新系统资源配置效率演进规律研究

随着知识社会的兴起和知识产权保护的增强，走中国特色自主创新道路，建设创新型国家，成为我国面向2020年乃至更远的将来的战略选择。区域创新系统资源配置水平的高低直接关系着一个国家科技与经济发展的动力和方向，区域创新系统资源配置的落后是阻碍我国自主创新能力提升的一个重要因素，优化配置区域创新系统资源成为提高我国自主创新能力和国家竞争力的一个核心问题。

随着市场经济的发展和科技体制改革的深化，我国在区域创新系统资源配置方面已经取得很大的改进。但是，从增强自主创新能力、建设创新型国家的要求看，我国的区域创新系统资源配置仍然存在诸多问题，其推动科技跨越发展、产业升级优化、增强创新竞争能力的功能远远未能得到充分发挥。

首先是资源投入总体规模相对不足。就科技人力资源而言，我国现有的从事科技活动的人员达到320万人，R&D全时人员有105万，总量居世界第二位。但是，据瑞士洛桑国际管理学院《2004年国际竞争力年鉴》的统计，2002年，我国每百万人口中R&D人员只有806人，而日本有7017人、法国有5635人、德国有5840人、韩国有3986人。就科技财力资源而言，据《2004年全国科技经费投入统计公报》显示，2004年全社会R&D经费总支出为1966亿元，占当年GDP的1.23%，R&D经费总量已跃居世界第六位。但是，R&D占GDP的比例仍低于世界可统计国家平均1.6%的总体水平，与发达国家2.2%的总体水平还有相当差距。

值得注意的是，欧盟在《关于使研发经费占GDP3%的行动计划》中提出，2010年前实现欧盟国家R&D经费占GDP的3%的目标。在产业领域，目前我国发明专利的数量仅为美国、日本的三十分之一，韩国的四分之一。近15年来，外国企业和中国企业在我国申请发明专利的比例是6.4比1。外国企业在我国申请专利的比例在信息领域占90%，计算机领域占70%，医药领域占

60%,生物领域占87%,通讯领域占92%。从总量上看,我们一个国家的国际专利数,不如一个中等规模的跨国公司。

其次是创新系统的资源要素结构严重失调。我国科技人力资源的结构布局严重失衡,这尤其表现在我国企业R&D人员的数量和质量上。据统计,2003年全国研究生毕业人数超过11万人,毕业的工学研究生数量超过4万人大关,其中工科博士毕业生也达到万人,然而我国2700多家大型企业集团中从事技术开发的具有博士学位的研究开发人员仅3000多人。调查表明,2004年我国设立研发机构的大中型工业企业仅占全部企业的23%。我国科技财力资源结构方面的问题也比较突出。在各国政府R&D经费支出结构中,基础研究占政府R&D经费基本保持在10%以上的水平,美国、德国、日本等创新型国家的基础研究经费投入比重都在15%～20%之间,而我国仅占5.7%。发达国家企业也是基础研究的一个重要执行部门,比重在15%～40%之间,而我国只有4%左右。此外,在政府科技经费投入结构中,社会公益研究、科技基础设施建设、产业技术研究和战略产品上的投入比例也明显不足。我国在技术的引进、消化吸收再创新的投入方面也存在严重的结构问题。日本、韩国等国家引进技术和对引进技术消化吸收、创新的投入之比是1∶8左右;而我国为1∶0.07,这就造成重复引进,长期不能形成具有自主知识产权的产品[23]。所有这些与加强自主创新、增强自主知识产权、提高竞争力的要求不相适应。

再次是配置模式仍然落后。随着由计划经济体制向社会主义市场经济体制过渡,我国的区域创新系统资源配置有了三种方式:市场配置、指令性配置、指导性配置。但是现阶段,以竞争、供求、价格等市场机制为手段,企业按市场需求、组合社会区域创新系统资源要素实施创新活动仍然存在极大的困难,我国区域创新系统资源配置的主要模式仍然是以政府为主的指令性配置,仍然是一种以计划为主的行政性调控。这种配置模式,以政府的科技投入为主要的区域创新系统资源进行分配与使用,具有自我封闭性,可动员的区域创新系统资源十分有限,而且难以使有限的区域创新系统资源得到有效配置。在现行的这种配置模式中,国家缺乏一个超越一般部门眼界的、强有力的通盘协调机构,分散型的科技管理体制导致区域创新系统资源缺乏有效的统筹配置,区域创新系统资源存在较严重的分割、封闭和浪费现象。公共财政科技投入的目标存在偏向,使用政府资金的目标主要还是试图解决各种技术供给,开发出具体技术供给社会,而对利用公共财政科技资金引导社会资本的重视程度不够,总想用公共财政经费解决全部社会需求问题。政府在区域创新系统资源配置中仍然主要以项目为主,各部门都很热衷于搞各种计划和项目的审批,以项目为轴心配置资源,重资源配置的初始投入,忽视资源配置的过程管理和综合效果。职能部门忙于启动，疏于监督管理，导致单位投入强度都不高，经费使用效果不很好。政府直接抓一些涉及产业领域的项目，如信息、生物医药和新材料等，往往造成重大技术路线决策失误。

因此，通过评价区域创新系统的资源配置效率，探索其变化特征，进而识别资源配置效率的影响因素，成为改进区域创新系统综合创新绩效的重要途径。这正是本章要解决的问题。

一、区域创新系统资源配置效率评价数据的收集和处理

对区域创新系统资源配置的评价和创新效率的测度一直是研究者热衷的问题。正如 Niwa & Tomizawa(1996)所说，科学技术活动存在着复杂性与多样性，从整体上用指标定量的评价科技活动就成为一项非常困难的工作。于是，很多研究都致力于将复杂的评价指标简化为一个综合指标。如 Porter et al.(2002)，Roessner et al.(2001)以及 Pfetsch(1990)通过主观的配置权重将所有指标集成为一个指标。著名的世界经济论坛(WEF)出版的《全球竞争力报告》和瑞士洛桑国际管理与发展学院(IMD)的《世界竞争力年鉴》发布的国际竞争力中重要的一项就是各国的科技竞争力排名，该排名从整体上反映了国家的科技创新能力并被很多研究所引用(Zanasis & Becerra-Fernandez, 2005；柳卸林，2003)。

在本研究中，我们使用数据包络分析(Data Envelopment Analysis，DEA)技术来解决科技活动的多指标的评价困难。DEA 技术是由著名的运筹学家 A. Charnes 和 W. W. Cooper 等人在“相对效率评价”概念的基础上发展起来的，是评价同类单元相对有效性的一种系统分析方法(盛昭瀚等，1996)。DEA 方法特别适用于多个输入和多个产出的系统效率的评价，如对多产品的生产系统的评价(Resti，2000)以及资源分配效率的评价(Yan et al.，2002)和对企业知识管理绩效的评价(王军霞、官建成，2002)；DEA 方法还可用于评价团队的研究效率，进而对知识生产力进行评估(Guan & Wang，2004)。1998 年，Rousseau 等人通过使用数据包络分析模型对 18 个国家的科学投入产出的效率进行研究(Rousseau，1997、1998)。在已有研究的基础上，本研究将对区域创新系统的资源配置效率的变化特征进行更为具体深入的评价与分析。

由于原始的投入产出指标较多，本书在使用 DEA 评价过程中，将“区域创新系统人力资源投入因子”和“区域创新系统财力资源投入因子”作为投入指标；将“科技成果产出数量因子”、“科技成果产出数量因子”和“产业成果产出

因子”作为产出指标。这样不仅可以起到简化数据的作用，也会为之后探究资源配置效率的变化特征提供线索。

另外，为了凸现资源配置效率各年的波动幅度，我们按照“投入最小，产出最大”的原则虚拟设立一年的数据，作为与其他各年资源配置效率对照的标杆(Benchmark)。刘顺忠、官建成指出，用 DEA 方法进行相对有效性评价时，应当考虑从投入到产出的延迟时间。根据 Bruce 的研究结果，本书假设创新从投入到产出的延迟时间为一年。衡量创新投入的变量选用 1995—2004 年数据，衡量创新产出的变量选用 1996—2005 年数据。

二、资源配置效率评估方法的选用

DEA 方法适用于多个输入和多个产出的系统效率的评价，但由于 DEA 为确定性边界模型，无法探讨由环境变量所产生的随机干扰因素对效率的影响，因此采用 Fried 等人提出三阶段 DEA 分析法，可同时调整环境变量与随机干扰项等因素的影响。根据 Fried 等人的研究，影响系统的生产绩效有三方面的因素：系统活动的管理效率、系统所处环境的特点以及随机干扰因素的影响。而使用三阶段 DEA 模型的目的就是将这三类因素分离开来，使我们能够更加清楚地分析系统的效率。下面对各个阶段的分析过程进行概要的介绍。

(一) 第一阶段的模型与指标

在第一阶段的 DEA 模型中，我们使用 DEA 方法中的 BCC 模型[9]来测度国家科研系统的投入与产出效率，如式(5.1)所示。

$$
(\text{BCC})\begin{cases}
\min\sigma_o-\varepsilon\left(\sum_{i=1}^{m}s_i^-+\sum_{i=1}^{m}s_r^+\right)=v_0\\
\sum_{j=1}^{n}\lambda_j x_{ij}+s_i^-=\sigma_o x_{io}, \quad i=1,2,\cdots,m\\
\sum_{j=1}^{n}\lambda_j y_{rj}-s_r^+=y_{ro}, \quad r=1,2,\cdots,s\\
\sum_{J=1}^{n}\lambda_j=1\\
\theta_o,\lambda_j,s_i^-,s_r^+\geqslant 0
\end{cases}
\tag{5.1}
$$

我们选择“区域创新系统人力资源投入因子”和“区域创新系统财力资源

投入因子”作为投入指标；将“科技成果产出数量因子”、“科技成果产出质量因子”和“产业成果产出因子”作为产出指标。这里只选择“区域创新系统人力资源投入因子”和“区域创新系统财力资源投入因子”作为投入指标。因为政府投入的 R&D 经费和企业投入的 R&D 经费等指标的大部分信息都提炼到“区域创新系统财力资源投入因子”之中，只有极少的信息在因子提炼过程中被过滤掉。而政府投入的 R&D 人员数量和企业投入的 R&D 人员数量也都提炼到“区域创新系统人力资源投入因子”之中。

另外，文章、专利数量等指标是评价区域、科研团队及研究者研究产出的经典指标。通过上一阶段因子分析，各个产出指标的信息也被悉数提炼到“科技成果产出数量因子”、“科技成果产出质量因子”和“产业成果产出因子”三个因子之中，作为评价区域创新系统的产出变量。

根据 Koopmans 的定义，所谓“技术有效”，即是以一定的投入生产出最大产出，或以最小的投入生产出一定的产出。式(5.1)中的 BCC 模型评价决策单元的技术有效性，得到的结果表示决策单元的有效性值(小于或等于 1)。若决策单元的有效性值为 1，说明该决策单元相对于其他的决策单元为技术有效，由这样的有效单元组成了生产前沿面；若决策单元的有效性值小于 1，说明该决策单元为技术非有效，被包络在生产前沿面内，并且有效性值越小，单元的相对效率越低。

(二) 第二阶段的模型与指标

在第二阶段，我们针对第一阶段计算得到的投入变量的冗余变量进行分析。在线性规划问题中，冗余变量的含义为生产投入过剩的资源或生产后剩余的资源，它本身反映了生产系统的管理效率，进一步将冗余变量解释为环境因素、管理非效率和随机干扰三部分的综合作用。使用随机前沿分析(SFA：Stochastic Frontier Analysis)模型实现对冗余变量的回归分析，这样可以解决 DEA 方法的确定性边界的局限，并可将投入冗余表示为环境影响、管理非效率和随机干扰三个因素综合作用的结果。

随机前沿分析模型是由 Aigner, Lovell 和 Schmidt 以及 Meeusen 和 Van den Broeck 在确定型前沿分析模型基础上提出的具有复合扰动项的随机模型，本研究中，它以回归方程的形式将系统的管理效率同环境影响及统计干扰分离开来，见式(5.2)：

$$s_{ni} = f^n(z_i;\beta^n) + v_{ni} + u_{ni}, n = 1,\cdots,N, i = 1,\cdots,I, \tag{5.2}$$

其中，s_{ni} 表示第 i 个决策单元的第 n 个投入指标在第一阶段 DEA 模型中的冗余变量，可由 $s_{ni} = x_{ni} - X_n\lambda \geqslant 0$ 计算得出。$z_i = (z_{1i}, z_{2i}, \cdots, z_{ki})$ 为第 i 个决策

单元的 k 个环境变量的向量。$\beta^n=(\beta_1^n,\beta_2^n,\cdots,\beta_k^n)^{\mathrm{T}}$ 为 $k\times1$ 的向量，是对于第 n 个投入指标，k 个环境变量的待估系数。$f^n(\cdot)$表示回归方程的形式，在此处我们选择最普遍的一元线性方程形式。并且，在随机前沿面模型中，复合误差结构$(v_{ni}+u_{ni})$分别表示统计误差和管理非效率，第一部分 v_{ni} 为统计误差，独立同分布并且 $v_{ni}\sim N(0,\sigma_{vn}^2)$，第二部分 $u_{ni}\geqslant0$ 为管理非效率，独立同分布且服从正态截断分布，即 $u_{ni}\sim N^+(\mu^n,\sigma_{un}^2)$。

在本研究中，笔者选取 GDP、人口数量(POP)、文盲率(ILL)这三项指标作为影响区域创新系统资源配置效率的环境变量，在 Nasierowski 和 Arcelus 的研究中，GDP 和人口数量作为国家创新系统中投入与产出之间的调节变量。科学研究中的其他人力资源的总体素质是一个重要的资源，因此，本文选择一个区域文盲率这个指标作为环境变量，从科学研究的人力资源角度衡量其对区域创新系统资源配置效率的环境影响。式(5.2)可进一步写成式(5.3)的形式。

$$s_{ni}=\beta_0^n+\beta_1^n GDP_i+\beta_2^n PDP_i+\beta_3^n ILL_i+v_{ni}+u_{ni},$$
$$n=1,\cdots,N,i=1,\cdots,I, \tag{5.3}$$

式(5.3)中的环境变量的数据可以由中国统计局每年出版的《中国统计年鉴》(China Statistics Yearbook)中获得。

(三) 第三阶段的模型与指标

第三阶段分析是对第一阶段结果的修正，通过 DEA 模型的投影分析，我们可以得到 1996—2005 年各年区域创新系统内资源配置效率的改进信息，DEA 技术中的“对偶价格”(Dual Price)可以给出无效率的决策单元(本文的决策单元是年份)对每一种投入的利用效率，从而可为决策层提供提高效率的途径。将 1995—2005 年上海市 11 年的历史变化数据作为 11 个评价单元，按照本文构造的变量体系(2 个输入变量:“财力投入因子”和“人力投入因子”，3 个输出变量:“科技成果产出数量因子”、“科技成果产出质量因子”以及“产业成果产出因子”)来计算决策单元的相对有效性。评价决策单元的相对有效性可分别采用评价既规模又技术有效的 C^2R 模型和评价决策单元技术有效性的 C^2GS^2 模型。针对第 $j_0(j_0=1,2,\cdots,11)$个决策单元，具体的模型如式(5.4)、式(5.5)所示：

$$\begin{cases}\min[\theta-\varepsilon(\hat{e}^{T}s^{-}+e^{t}s^{+})] \\ s.t\sum_{j=1}^{n}\lambda_{j}x_{j}+s^{-}=\theta x_{j0} \\ \sum_{j=1}^{n}\lambda_{j}y_{j}-s^{+}=y_{j0} \\ \lambda_{j}\geqslant 0, j=1,2,\cdots,11 \\ s^{-}\geqslant 0,\ s^{+}\geqslant 0\end{cases} \tag{5.4}$$

$$\begin{cases}\min[\theta-\varepsilon(\hat{e}^{T}s^{-}+e^{T}s^{+})] \\ s.t\sum_{j=1}^{n}\lambda_{j}x_{j}+s^{-}=\theta x_{j0} \\ \sum_{j=1}^{n=1}\lambda_{j}y_{j}-s^{+}=y_{j0} \\ \sum_{j=1}^{n}\lambda_{j}=1,\lambda_{j}\geqslant 0, j=1,2,\cdots,11 \\ s^{-}\geqslant 0,\ s^{+}\geqslant 0\end{cases} \tag{5.5}$$

式中 θ 表示决策单元的效率，ε 为非阿基米德无穷小量，s^{+0}、s^{-0} 为松弛变量，λ_j 表示第 j 个决策单元的权值，x_j、y_j 分别表示第 j 个决策单元的投入向量和产出向量。若上式中：$\theta=1, s^{+}=0, s^{-}=0$，则称第 j_0 个决策单元 $C^2R(C^2GS^2)$ 有效的；若 $\theta_0=1, s^{+}\neq 0$，或者 $s^{-0}\neq 0$，则称第 j_0 个决策单元为弱 $C^2R(C^2GS^2)$ 有效；若 $\theta_0<1$ 时，该生产单元为非有效，这时存在投入规模不经济的问题，若还存在 $s^{+}\neq 0, s^{-0}\neq 0$，则还存在着投入或产出结构的不合理。此时，我们可以计算出它在有效前沿面上的"投影"和欲达到有效边界 X_{j0}，Y_{j0} 应调整的大小：

$$\Delta X_{j0}=X_{j0}-\overline{X}_{j0}=(1-\theta)X_{j0}-s^{-0} \qquad \text{投入调整}$$

$$\Delta Y_{j0}=\overline{Y}_{j0}-Y_{j0}=s^{+0} \qquad \text{产出调整}$$

在文献的基础上，本研究构建了针对区域创新系统资源配置效率特征研究问题的三阶段 DEA 模型，以及在本研究分析过程中各个阶段所选用的指标，如图 5-1 所示。

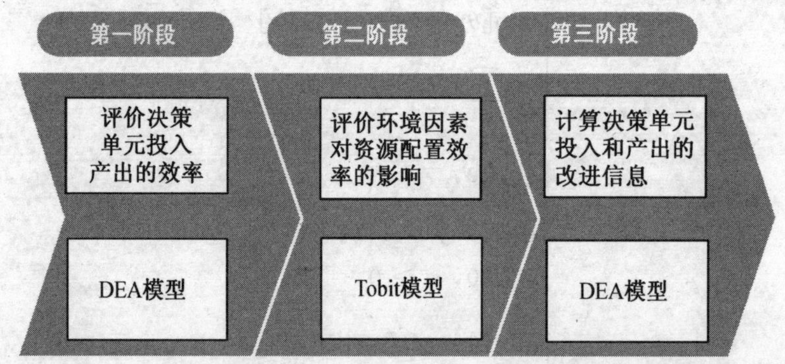

图 5-1 区域创新系统效率评价的三阶段 DEA 模型分析过程

三、上海市区域创新系统资源配置效率测算及演进规律分析

(一) 区域创新系统资源配置效率演进规律一

分别利用 C^2R 模型和 C^2GS^2 模型计算 1995—2004 年的技术规模效率值和技术效率值,并且利用效率值的大小对决策单元(DMU: Decision Making Units)进行了排序。所谓技术有效是指"生产"处于最理想的状态,相对于现有的输入量可以获得最大的输出量。规模有效是指"生产"处于规模效益不变的阶段,即如果输入量扩大 N 倍时,相应所产生的输出量也扩大 N 倍。利用软件 DEA4.0,还可计算出决策单元的规模收益变动。规模收益(RTS)变动是指生产要素按相同比例变化所引起的产出的变化,规模收益的变动分为规模收益递增,规模收益递减和规模收益不变三种状态。具体计算结果如表 5-1 所示。

表 5-1 上海市区域创新系统 1995—2004 年资源配置效率的评价结果

年份	C^2R 模型		C^2GS^2 模型		规模收益变动
	效率值	排序	效率值	排序	
1995	1	1	1	1	不变
1996	0.55999	4	0.76911	4	递减
1997	0.60852	2	0.80992	3	递减
1998	0.60657	3	1	1	不变
1999	0.38774	7	0.65080	5	递减

续　表

年份	C^2R 模型		C^2GS^2 模型		规模收益变动
	效率值	排序	效率值	排序	
2000	0.28489	9	0.51780	6	递减
2001	0.30660	8	0.46521	8	递减
2002	0.39384	6	0.50326	7	递减
2003	0.43310	5	0.45839	9	递减
2004	0.23845	10	0.23845	10	递减

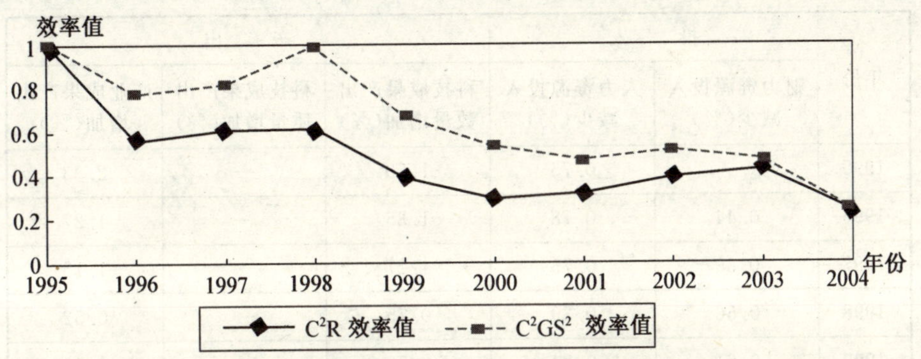

图 5-2　上海市区域创新系统 1995—2004 年资源配置效率的变化过程

上海市 1995—2004 年创新系统资源配置效率的变化过程如图 5-2 所示。从规模收益的变动趋势来看，1995 年和 1998 年的资源配置效率值最高，位于技术有效的前沿面上，其他各年的技术效率值（C^2GS^2 效率值）的变化趋势是逐渐递减。因此，在除了 1995 年和 1998 年的其他各年中，相对于创新系统投入而言，并没有获得理想的产出。同时，从 C^2R 效率值（既规模有效又技术有效）的变化来看，C^2R 效率值在波动中不断降低，说明创新系统资源投入的增加，无法获得产出的等比增加。根据数据分析的结果，我们总结了上海市区域创新系统资源配置效率演进的第一条规律。

规律一：简单的增加区域创新的资源投入，忽视系统投入与产出的内部结构，不仅不能带来理想的收益，反而降低资源的配置效率。

本书会在下文系统阐述创新资源的不合理的、过多的投入会带来资源配置效率下降的机理，以及短期内应该将注意力放在投入与产出结构的调整方面，进而提高区域创新系统的资源配置效率。

(二)区域创新系统资源配置效率演进规律二

通过DEA模型的投影分析,我们可以得到1996—2005年各年上海市改善创新系统内资源配置效率的改进信息,DEA技术中的"对偶价格"(Dual Price)可以给出无效率的决策单元(本书的决策单元是年份)对每一种投入的利用效率,从而可为决策层提供提高效率的途径。采用1995—2004年的11个决策单元在C^2R模型确定的生产前沿面上的投影为1996—2005年上海市改进创新系统内资源配置效率的有效的改进信息,具体的百分比数据如表5-2所示。

表5-2 上海市区域创新系统1995—2004年资源配置效率改进信息表(C^2R模型计算结果)

年份	投入		产出		
	财力资源投入减少(%)	人力资源投入减少(%)	科技成果产出数量增加(%)	科技成果产出质量增加(%)	产业成果产出增加(%)
1995	—	0.75	1.50	—	2.33
1996	0.44	0.78	1.35	—	1.27
1997	0.39	0.75	1.27	—	1.15
1998	0.66	0.39	0.75	—	0.52
1999	0.61	0.84	0.50	—	0.33
2000	0.72	0.72	0.29	0.82	—
2001	0.69	0.70	0.19	1.87	—
2002	0.70	0.61	0.11	0.61	—
2003	0.71	0.57	0.04	1.32	—
2004	—	—	—	0.33	—

注:"—"表示数据没有变动,保持原始数据。

从产出的角度来看,1995年调整主要集中在"产业成果产出"和"科技成果产出数量";1996—1999年的提升重点主要在于"科技成果产出数量"和"产业成果产出";2000—2004年的提升方向主要集中在"科技成果产出质量"和"科技成果产出数量"。

从投入的角度来看,除2004年以外,其他各年的投入都应该不同程度地减少,才可以实现DEA有效。从表5-2可以看出,从1995—1997年,资源投入减少的重点应该放在"人力资源投入";而在1998年,资源投入减少的重点应该放在“财力资源投入”；在 1999 年，资源投入减少的重点再次回到“人力资源投入”；“人力资源投入”和“财力资源投入”交替成为效率改进重点的特征持续到 2004 年。

综上，我们从区域创新系统资源投入结构的角度，对上海市资源配置效率的演进规律做出如下总结。

规律二：从投入角度来看，财力资源配置效率和人力资源配置效率交替成为资源配置效率改进的重点，如图 5-3 所示。

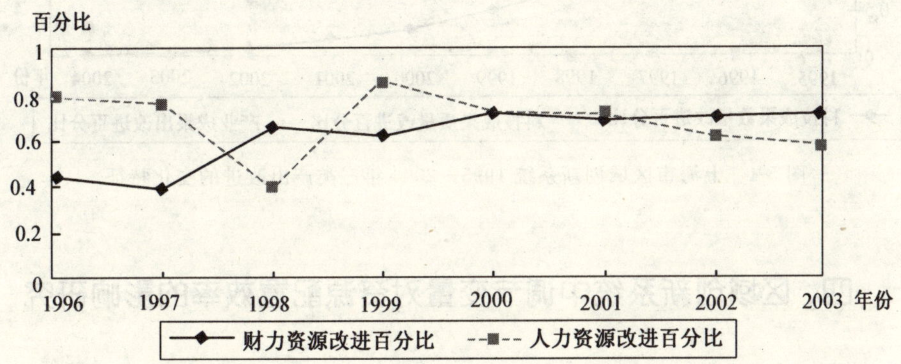

图 5-3 上海市区域创新系统 1996—2003 年人力资源和财力资源改进的变化特征

(三) 区域创新系统资源配置效率演进规律三

从产出的角度而言，1995 年调整主要集中在“产业成果产出”，首先是“科技成果产出数量”，如图 5-4 所示。而 1996—1999 年的资源配置效率提高的瓶颈主要在于“科技成果产出数量”，其次是“产业成果产出”，而科技成果产出质量不需要调整。从 2000 年至 2004 年的调整主要集中在“科技成果产出质量”。由此可见，“科技成果产出质量”较低是影响 2000 年至 2004 年资源配置效率提高的主要因素，其次是科技成果的数量，而产业成果不需要调整。

综上，我们从区域创新系统资源产出结构的角度，对上海市区域创新系统资源配置效率的演进规律做出如下总结。

规律三：从产出的角度而言，在上海市区域创新系统发展的第一阶段(1995 年之前)，区域创新系统内“产业成果产出”的提高，是创新系统资源配置效率改进的主要方向。准确地说，以提高科技成果产业化程度为导向，才能够更好地优化创新系统内的资源配置；在区域创新系统的第二阶段(1996—1999 年)，科技成果数量的改进成为创新系统资源配置效率改进的主要方向；而在区域创新系统的第三阶段(2000—2004 年),科技成果质量的提升则成为资源配置效率改进的主要方向,如图 5-4 所示。

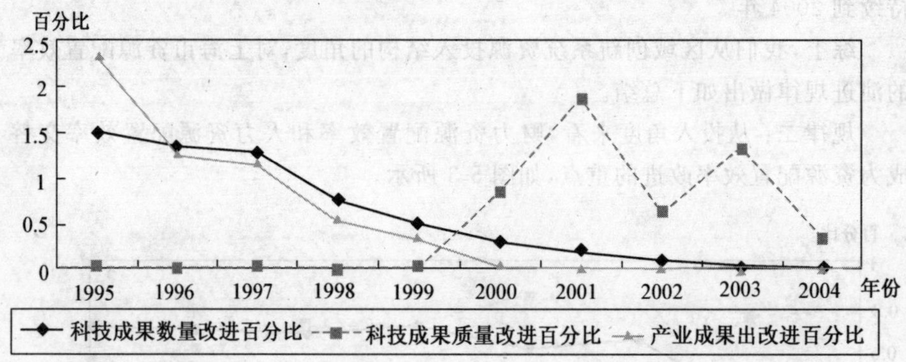

图 5-4　上海市区域创新系统 1995—2004 年三类产出改进的变化特征

四、区域创新系统中调节变量对资源配置效率的影响研究

在区域创新系统中,诸如 GDP、人口等环境因素同样影响资源的有效配置。我们利用 Tobit 回归模型来研究环境要素对区域创新系统内资源配置效率的影响方向和影响程度。

我们将 C^2R 效率值和 C^2GS^2 效率值分别作为因变量,将上海市 GDP,上海市常住人口数量(POP)和上海市文盲半文盲率(ILL)作为自变量,建立 Tobit 回归模型。利用 Eviews 3.1 软件包①计算该计量经济模型,计算结果如表 5-3、表 5-4 所示。

如表 5-3 所示,三个环境因素对 C^2R 效率值的影响都不显著,这说明三个环境因素对规模效率值的影响可以忽略。而从表 5-4 可以看出,常住人口数量 POP 与 GDP,与 C^2GS^2 效率值均显著负相关,而文盲半文盲率 ILL 对 C^2GS^2 效率值的影响仍不显著(P=0.71)。表 5-4 的数据说明,表征区域对新技术的潜在吸收能力(Potential Absorptive Capacity)的常住人口数量(POP),以及表征创新系统对新技术的生产能力(包括创新系统自主生产新技术和对系统外新技术的购买)的 GDP,对资源配置的技术效率值具有一定的负面影响。

① Tobit 回归模型的自变量数据在处理之前都进行了标准化处理,模型的计算使用的是 SPSS 12.0 和 Eviews 3.1 软件包。

表 5-3　C^2R 效率值作为因变量的 Tobit 回归模型计算结果

	Coefficient	Std. Error	z-Statistic	Prob.
GDP	−0.03713	0.083951	−0.4423	0.6583
POP	−0.14311	0.089284	−1.60285	0.1090
ILL	−0.01374	0.041211	−0.33332	0.7389
Constant	0.480517	0.040281	11.92906	0
R-squared	0.626857	Adjusted R-squared		0.328343

表 5-4　C^2GS^2 效率值作为因变量的 Tobit 回归模型计算结果

	Coefficient	Std. Error	z-Statistic	Prob.
GDP	−0.13934	0.063877	−2.18141	0.0292
POP	−0.11422	0.068552	−1.66614	0.0957
ILL	−0.012	0.032901	−0.3648	0.7153
Constant	0.645531	0.03439	18.77079	0
R-squared	0.849793	Adjusted R-squared		0.729627

人口数量这一环境因素对资源配置效率的负作用由以下几方面原因导致：第一，区域常住人口数量的增加导致创新系统内资源流动的阻塞(Congestion)[7]，降低了资源配置的速度，进而降低了创新系统内资源配置的技术有效性。第二，从上面的分析可以得出，从 2000 年到 2004 年，资源配置低效的主要问题不在于科技成果数量，以及科技成果的产业化程度，而是在于人力资源投入的不足，以及科技成果质量降低。这说明，常住人口数量(POP)的增加并没有使得创新系统人力资源缺口得以充分的补充。另一方面，常住人口数量的增加对科技成果质量的需求非常薄弱，也是导致常住人口数量(POP)对资源配置效率具有一定的负面影响的重要原因。第三，当前常住人口数量并不能完全地表征区域吸收新技术的潜在能力，区域创新系统的常住人口对于新技术的吸收能力还比较有限。

GDP 对资源配置效率的负面作用由以下几方面原因导致：第一，GDP 表征对于新技术的生产能力(包括创新系统自主生产新技术和对系统外新技术的购买)。然而，由于资源充沛导致冗余产生时，GDP 的提高同样可以导致资源配置效率降低。Baumol & William 指出，研发经费的不合理投放可以导致部分高才者(Talents)产生寻租的行为①。重大的知识创新和进展,大都是由具有极高才能的人(简称为"高才者")做出的。而对于高才者而言,从事研究工作是一项高投入、高风险、低回报的选择。换言之,期望高才者仅仅出于声誉或者对知识的热爱而从事基础研究的概率很小。根据鲍莫尔从历史角度的研究,高才者(指从事创新行为的所有主体)更倾向于采取寻租(Rent-seeking)行为,即他们试图夺取现有财富,而非创造新财富。当资源充沛并产生冗余时,他们并没有将研发经费花费在新技术的开发上,而是据为己有,作为私人消费。第二,新技术的开发与商业化不同于一般的商品生产,其存在着规模收益递减的规律。GDP 的增加虽然可以提高区域创新系统生产新技术的潜在能力,但并不会总是导致创新系统产出的同比增长,这一过程还要受到基础研究发展的影响,这是由技术增长规律所决定的:基础研究成果对创新活动进行支持,创新活动会受到基础研究发展的局限。

① 鲍莫尔(1990)的研究认为,重大的知识创新和进展,大都是由具有极高才能的人(简称为"高才者")做出的。而对于高才者而言,从事研究工作是一项高投入、高风险、低回报的选择。换言之,期望高才者仅仅出于声誉或者对知识的热爱而从事基础研究的概率很小。

第六章

基于资源要素投入的区域创新系统创新机制研究

在创新系统创新机制方面,国外学者率先进行了深入研究。1992 年英国的库克在《区域创新系统: 新欧洲的竞争性规制》一文中首次提出“区域创新系统”的概念。后来库克在他的《区域创新系统: 全球化背景下区域政府管理的作用》中对区域创新系统的概念作了如下界定: 区域创新系统主要是由地理上相互分工且关联的生产企业、研究机构和高等教育机构等构成的区域性组织体系,这种体系能够支撑并产生创新。魏格(Wiig) 也指出区域创新系统包括: (1) 进行创新产品生产的企业群;(2) 进行创新人才培养的教育机构,进行创新知识与技术生产的研究机构;(3) 对创新活动进行金融、政策法规约束与支持的政府机构;(4) 金融、商业等创新服务机构。在创新机制要素之间的运行关系方面,美国的经济学家纳尔逊在 1993 年主编的《国家创新系统: 比较分析》中分析比较了 15 个国家和地区的国家创新系统,研究发现至少在制造业,政府和大学的努力虽能支持创新,但决不能替代企业的技术努力。弗里曼着重从厂商的 R&D 组织和生产系统、政府的作用、教育和培训等角度分析日本、德国等国家的经济。他认为人类历史上技术领先的国家在技术创新的同时包含许多制度和组织创新。他提出政府应发挥作用,仅靠自由竞争的市场经济是不够的。

由此可见,过往对区域创新系统机制的古典研究中,区域创新系统的创新机制主要包括两部分: 一是构成创新系统的要素;二是要素之间的运行关系。对创新系统构成的要素,国内外有不同的看法,但基本要素的分类为大家所认同: 根据主体的区别,分为高等院校和科研院所、企业、政府和中介服务体系。而具体各要素之间的运行用图 6-1 描述。

然而,仅仅从主体的角度探索区域创新系统的创新机制存在以下问题:

首先,无法从投入产出的角度分析如何促进区域创新系统综合绩效的提高。过往对区域创新系统机制的古典研究中将研究的关注点放在构成

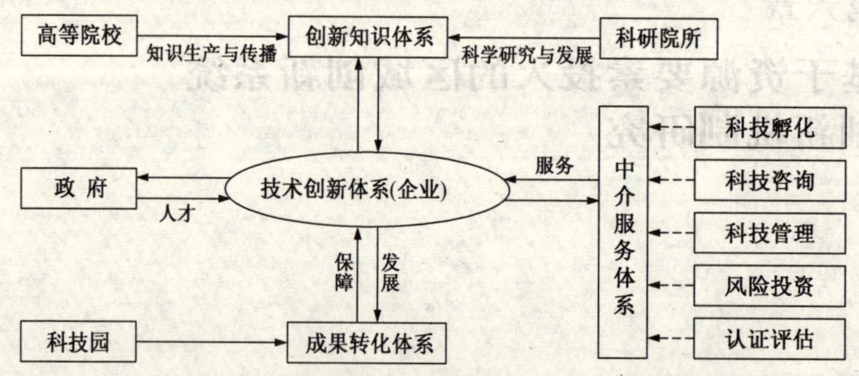

图 6-1　区域创新系统的创新机制——古典视角

创新系统的要素，以及要素之间的运行关系，但是忽略了要素本身和要素之间运行关系的良性发展并不是保障区域创新系统快速发展的必要条件这一点。实际上，在部分北欧国家，并不存在主体结构和功能清晰明显的分割，但是却通过目标导向和国家科技资源配置战略，创造了区域创新系统的辉煌发展。

其次，无法量化评估各个主体要素对区域创新系统的贡献，以及改善方向。这是目前研究区域创新系统创新机制的致命缺陷。这个缺陷导致由古典创新机制模型而得到的政策建议，基本都是定性的分析猜测，缺乏实证研究的支持，无法保证制定出来的政策工具有效、可行。

最后，过往对区域创新系统机制的古典研究缺乏显著的方向性和目的性。如本书第二章阐述，每一个区域创新系统都有自身的特性和发展阶段，因此应该根据不同区域创新系统的具体特征，分析过往创新机制的运行情况，以及未来的改进方向。同时，要明细具体创新系统的发展目标，采用目标倒推的方式，评估创新机制的运行情况，制定未来阶段的政策导向。

因此，本章沿用第四章的部分研究结果，基于区域创新系统的资源要素，构建区域创新系统的创新机制模型。由于上一章以上海市区域创新系统为研究对象，因此本章通过研究得出的创新机制假设和特征无法保证可以适用于其他的区域创新系统，但却为研究其他区域创新系统的创新机制提供了一个研究范式和理论支持框架。

本章分五个部分：一是根据前文的研究和过往文献，提出本文的区域创新系统创新机制模型，以及各项理论假设；二是研究方法的选取，以结构方程模型作为研究方法；三是各个模型的设定与比较；四是数据处理及模型检验，分析检验结果；五是对实证结果的综合讨论。

一、假设的提出

(一) 区域创新系统资源投入对产出的边际影响

周寄中(1999)是国内最早将“科技资源”的概念进行完整的阐述和分析的学者，在《科技资源论》一书中，给出了科技资源的定义：科技资源是科技活动的物质基础，是创造科技成果，推动整个经济和社会发展的要素的集合。而周宏(1993)、江建云(2001)、孔令丞(2003)、陈宏愚(2003)、陈海秋(2003)都将科技指代技术创新活动过程中所需要的所有资源，但是都没有给出明确的定义与分类。一些学者虽然从不同方面将科技资源的涵义进行了细化。如李垣等(2000)在考查科技资源内涵的过程中引入了新制度经济理论，增加了制度和市场两个变量。陈宏愚(2003)提出“科技创新资源”的概念，认为技术创新既不属于单纯科技范畴，亦不属于单纯经济范畴，而是科技经济一体化的概念。但两人都不同程度肯定了区域创新系统资源投入对区域创新系统的综合创新绩效的边际影响和贡献。

叶金国(2007)认为虽然影响科技资源的配置效率的因素有许多方面，包括科技资源投入的规模、结构，科技资源配置体制和配置环境等，但其投入对区域创新系统综合绩效和区域经济增长具有重要的影响作用，二者之间存在着十分密切的关系。赵春燕(2007)认为随着我国自主创新工作的全面推进，我国科技创新的关键资源因素，尤其是 R&D 人力资源要素对区域创新系统的综合绩效的边际影响逐渐提高。并通过研究在对世界各地区 R&D 人力资源相关数据进行统计比较后赵春燕发现，除了 R&D 人力资源总量以外，尽管目前我国的 R&D 人力资源各项指标与发达国家相比仍有较大的差距，但是在过去几年已取得了比较显著的进步。

本书认为区域创新系统的资源投入要素与区域创新系统的综合绩效之间的关系并不是必然联系，需要得到实证研究的论证和数据的支持。本书第三章通过探索性因子分析将区域创新系统的产出提炼为三个因子，即区域创新系统科技成果产出数量因子、区域创新系统科技成果产出质量因子、区域创新系统产业成果产出因子。通过结构方程模型，验证区域创新系统资源投入要素的两个维度和区域创新系统综合绩效的三个维度之间的关系是本章研究的重点之一。

因此，本书提出如下假设：

假设 1：区域创新系统的财力资源要素和区域创新系统科技成果产出数

量正相关。

假设 2：区域创新系统的财力资源要素和区域创新系统科技成果产出质量正相关。

假设 3：区域创新系统的财力资源要素和区域创新系统产业成果产出正相关。

假设 4：区域创新系统的人力资源要素和区域创新系统科技成果产出数量正相关。

假设 5：区域创新系统的人力资源要素和区域创新系统科技成果产出质量正相关。

假设 6：区域创新系统的人力资源要素和区域创新系统产业成果产出正相关。

(二) 区域创新系统资源投入之间的耦合机制

耦合(coupling)是物理学的一个基本概念，是指两个或两个以上的系统或运动方式之间通过各种相互作用而彼此影响以至联合起来的现象，是在各子系统间的良性互动下，相互依赖、相互协调、相互促进的动态关联关系。例如两个单摆之间连一根弹簧，它们的震动就彼此起伏，相互影响，这种相互作用被称为单摆耦合。本书将区域创新系统财力资源要素投入与人力资源要素投入两个系统通过各自的耦合元素产生相互作用、彼此影响的现象定义为知识管理与技术创新的耦合。

如本书第四章所得出的结论，区域创新系统人力资源要素是财力资源要素存在、发展的前提和基础。没有区域创新系统人力资源要素作支撑，区域创新系统财力资源要素就失去了作用的对象，失去了存在的合理性。区域创新系统财力资源要素对区域创新系统人力资源要素起保证、完善的作用。

区域创新系统财力资源要素与人力资源要素的耦合作用具体体现在以下几方面：首先，区域创新系统财力资源要素可以激励科技管理人员建立有效的科研人员流动和激励机制，创造区域创新系统人力资源的公平竞争环境，增强科技人员工作的积极性，从而提高科技活动的效率。其次，区域创新系统财力资源推进构建完善的科技金融市场环境，有利于提高人力资源闲置能力的配置效率，节约交易成本。再次，财力资源推进建立有效的引进人力资源要素的管理制度，有利于现有技术对引进的人力资源要素实现有效的对接。最后，充沛的人力资源是建立有效的科技人员信息管理与使用制度的重要推动力，有利于财力资源迅速根据市场需求进行配置和调整，从而使两者达到良性循环。

区域创新系统的人力资源要素与财力资源要素互为存在和相互作用的载体，其交互作用对促进区域创新系统的综合绩效有非常重要的作用。因此，本书提出如下假设：

假设7：区域创新系统的财力资源要素投入和人力资源要素投入耦合相关。

二、研究方法的确定——结构方程模型

管理研究当中最常见的统计方法基本上可以分为两类：一是以回归为代表的第一代统计模型；二是以结构方程模型（Strucural Equation Modeling，简略标志为SEM）为代表的第二代统计模型（Gefen，Straub & Boudreau，2000）。根据本文研究所讨论的问题性质，以及相关假说所包含因素的特征，我们选择结构方程模型作为主要的实证研究方法。

结构方程模型是应用线性方程系统表示观测变量与潜变量之间，以及潜变量之间关系的一种统计方法①。从发展历程来看，结构方程模型起源很早，但是其核心概念在20世纪70年代初期才被相关研究人员提出，结构方程模型的思想起源于20世纪20年代Sewll Wright提出的路径分析概念，有人又称结构方程模型为联立方程模型、因果模型等。结构方程模型发展过程中较大的一个突破就是发展了潜变量的概念，它是社会学、经济学和心理学等多种学科共同发展的成果，是一种非常通用的、主要的线性统计建模技术，广泛应用于心理学、经济学、社会学、行为科学等领域的研究。在国内，结构方程模型研究方法逐渐兴起，相当多的人文社科类实证研究论文中都已经开始采用这一建模方法。随着中国学术研究的国际化发展，这一研究方法将得到越来越广泛的应用。

结构方程模型的优点特别突出，非常适合社会目的的研究需要。在社会科学研究中，结构方程模型的应用之所以如此广泛，是由其学科特点和要求所决定的。社会科学研究的根本目的是通过探讨变量之间的因果关系来揭示客观事物发展、变量规律及特点，但是很多社会科学领域中所涉及的变量，都不能准确而直接地测量（潜变量）。例如，能力、信任、动机、雄心、偏见、异化、保守、个人成就感等并不能直接测量，这就为直接研究这些变量与

---

① 林嵩、姜彦福：《结构方程模型理论及其在管理研究中的应用》，《科学学与科学技术管理》2006年第2期。

其他变量之间的关系造成了操作上的困难。结构方程模型可以解决这一问题，它通过为难以直接测量的潜变量设定观测变量，用这些可以用于统计分析的观测变量之间的关系来研究潜变量之间的关系，这是其他统计方法难以克服的问题。

结构方程模型还有另外一些特点优越于多元回归、计量经济学中的联立方程组以及因子分析等方法。首先，结构方程模型利用联立方程组求解，但是它没有很严格的假定条件，同时允许自变量和因变量存在测量误差。计量经济学的方法只能处理有观察值的变量，并且还要假定其观察值不存在测量误差。然而在社会科学中，许多变量并不存在直接测量的操作方法，虽然人们可以找到一些观察的变量作为这些潜在变量的"标识"，然而这些潜在变量的观察标识总是包含了大量的测量误差。自变量测量误差会导致常规回归模型参数估计产生误差。用这些带有误差的自变量测量值进行统计分析，就会将误差传播放大，最终会导致常规回归模型参数估计产生偏差。虽然传统的因子分析允许对潜在变量设立多元标识，也可以处理测量误差，但不能分析因子之间的关系。结构方程模型将这种测量误差纳入模型，能够加强模型对实际问题的解释性。其次，结构方程模型可以同时处理多个因变量，而且有些变量既可以充当自变量又可以同时充当因变量。在传统模型中，方程右边的变量一般只能是一个，但在社会科学领域，因变量常常可以有多个，如在本书的理论模型中，知识溢出影响企业创新绩效，同时知识溢出受社会资本的影响，这样创新绩效与知识溢出都是模型中的因变量，而且知识溢出同时充当自变量和因变量。第三，允许更具弹性的模型设定。在传统建模技术中，模型的设定通常限制较多，例如，单一指标只能从属于一个因子，模型自变量之间不能有多重共线性等。结构方程模型中则限制较少。例如，结构方程模型既可以处理单一指标从属于多个因子的分析，也可以处理多阶的因子分析模型；在因素结构关系拟合上，也允许自变量之间可能存在共变方差关系。

应用结构方程模型进行统计分析具有五个主要步骤：(1) 模型设定：即在进行模型估计之前，研究人员先要根据理论或以往研究成果来设定假设的初始理论模型。(2) 模型识别：这一步骤决定所研究的模型是否能够求出参数估计的唯一解；在某些情况下，由于模型被错误地设定，其参数不能识别，求不出唯一的估计值，因而模型无解。(3) 模型估计：模型参数可以采用几种不同的方法来估计。最常用的模型估计方法是最大似然法和广义最小二乘法。(4) 模型评价：在取得了参数估计值以后，需要对模型与数据之间是否拟合进行评价。(5) 模型修正：如果模型不能很好地拟合数据，就需要对模型进行修正和再次设定。在这种情况下，需要决定如何删除、增加或修改模型的参数。通过参数的再设定可以增加模型的拟合程度。以上五个步骤构成应用结构方程模型来研究一个理论模型的基础工作。

本书采用 AMOS 4.0 软件和 SPSS 11.5 软件来进行数据分析和模型检验。AMOS 4.0 是一个利用基于方差矩阵结构的潜变量对结构模型进行估计的软件包，这种方法通过多层路径分析对变量之间的直接、间接合不合理的相互关系进行了验证。这种方法适用于存在潜变量的模型，用于说明它们之间的关系，同时验证模型的收敛性。

从以上介绍中我们看到，运用结构方程模型技术，使用 AMOS 软件包对分析本文所提出的问题是十分有利的。第一，结构方程模型不仅可以反映模型中要素与要素之间的单独关系，还可以反映要素与要素之间的相互影响。第二，我们运用 AMOS 软件进行分析，可以充分发挥该方法多路径分析对变量之间关系的特点，AMOS 清晰的路径有利于我们更好地理解结构方程模型，更好地避免变量测量误差带来的干扰。当然，结构方程模型主要是一种证实性技术，用来确定一个特定模型是否合理，而不是一种探索性技术，不是用来寻找和发现一种合适的模型。因此，运用这种方法能够达到本书的研究目的。

三、模型的设定

总结本书提出的前 6 条假设，设定为初始模型，见图 6-2。由于区域创新系统科技成果产出质量只有一个观测指标（甄选观测指标的标准将本书第三章），因此本文根据结构方程模型的使用规则，将区域创新系统科技成果产出质量到观测指标（ANP）的路径系数强制设定为 1，因而初始模型较少一个自由度。

由于要验证本书提出的第七条假设，并对比加入投入要素之前耦合关系前后其他理论假设的验证结果变化，因此，本书设定修正模型，见图 6-3。根据资源投入要素的时滞研究结果，本书的资源投入要素都是采用滞后一年的数据，区域创新系统综合绩效的三个维度则采用即时数据。

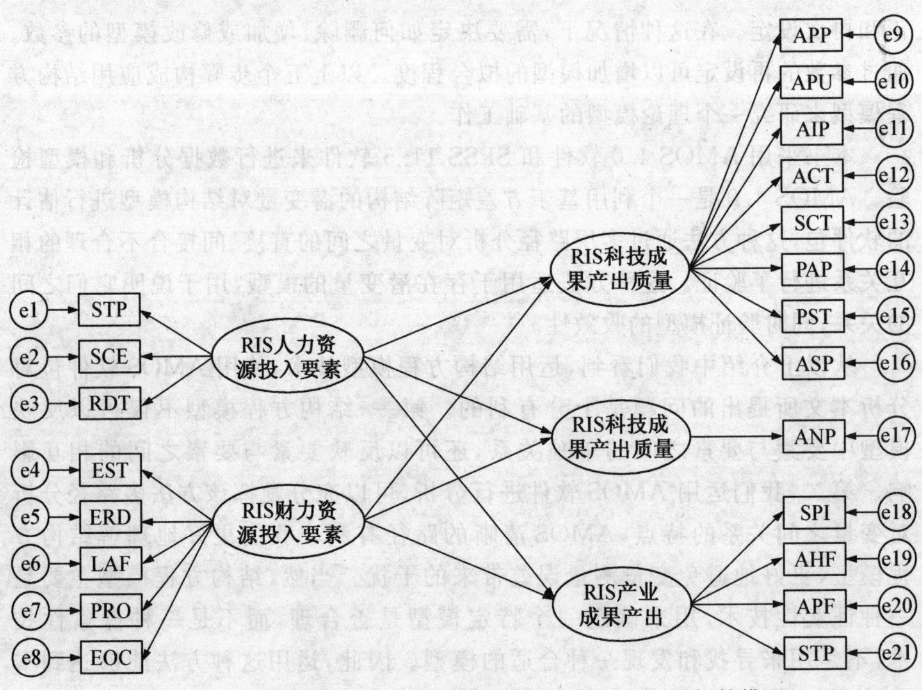

图 6-2 基于资源要素投入的区域创新系统创新机制的初始模型

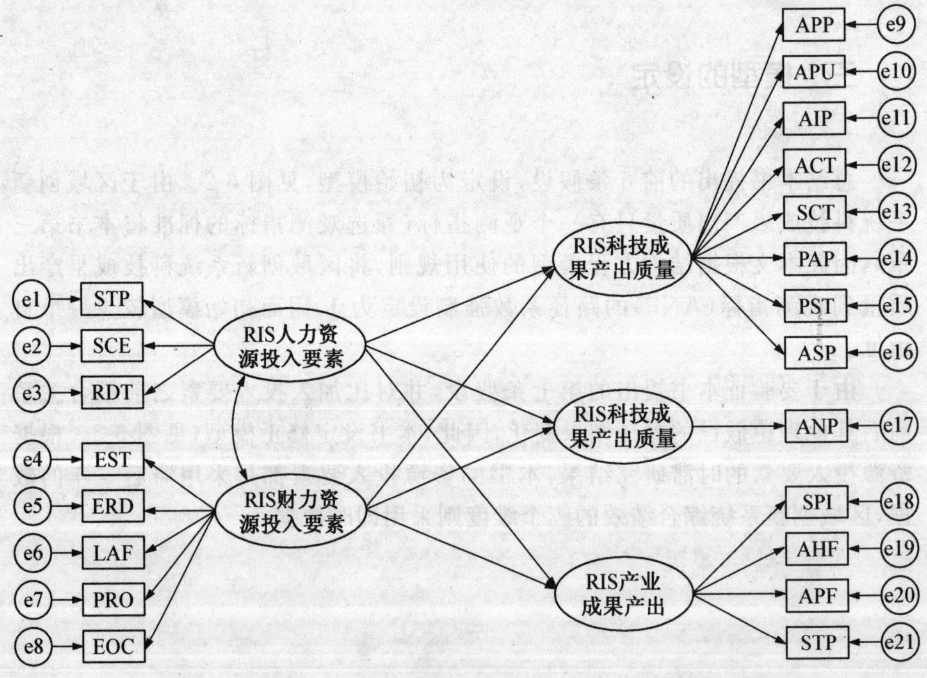

图 6-3 基于资源要素投入的区域创新系统创新机制修正模型

四、数据分析与检验

（一）初始模型的拟合检验

1. *初始模型的整体拟合程度*

根据所采用的估计方法，本书选取了几个具有较好稳定性的指标来评价整个模型的拟合性。

（1）绝对拟合指数，包括：

① 拟合优度卡方值 $\chi^2=(n-1)F$，其中F是拟合函数。本模型的 $\chi^2=732.85$，自由度（Degree of Freedom＝167）。虽然一般给定显著性水平，若 χ^2 值大于对应的临界值，认为模型与数据拟合不好。反之，若 χ^2 小于临界值，则认为模型与数据拟合得好。然而，直接应用 χ^2 检验推断一个模型是否与数据拟合并不恰当。问题在于 χ^2 的大小与样本容量N有关，当N很小时，χ^2 往往很小，使得与真实模型相距很远的错误模型，也给人拟合得很好的印象。而当N很大时，χ^2 则很大，一个模型只要与真实模型有很小的差距，就可能被认为拟合不好，所以这一指标并不作为判断模型拟合的主要指标给予考虑。但 χ^2 值与自由度的比值通常应该在1—3之间，且越接近1越好。本模型中 χ^2 值与自由度的比值是4.388，表明初始模型的拟合性程度一般。

② 拟合优度指数（Goodness-of-Fit Index，GFI）。拟合优度指数的数学表达式为：

$$GFI=1-\frac{F[S,\sum(\overline{\Theta})]}{F[S,\sum(0)]}$$

其中：$F[S,\sum(\overline{\Theta})]$ 表示所定义模型的拟合函数数值，$F[S,\sum(0)]$ 表示独立模型的拟合函数数值。GFI测定观测变量的方差的协方差矩阵S在多大程度上被模型定义的方差的协方差矩阵 $\sum$ 所预测。因而，GFI越接近1，说明模型的拟合程度越好。检验结果显示，我们模型的GFI值为0.926，大于0.9，因而模型的拟合性比较好。

③ 调整拟合优度指数（Adjusted Goodness-of-Fit Index，AGFI）。由于GFI会随着模型中参数总数的增加而提高，而且还会受样本容量的影响，因而还需要计算AGFI。AGFI的数学表达式为：

$$AGFI = 1 - \frac{(p+q)(p+q+1)/2}{df}(1 - GFI)$$

其中$(p+q)$是观测变量的数目，$(p+q)(p+q+1)/2$是样本矩阵的个数，df是自由度。检验结果显示，我们模型的AGFI值为0.904，大于0.9，因而可以较好地拟合定义的模型。

④ 近似误差均方根(RMSEA)。其表达式为：

$$RMSEA = \sqrt{\hat{F}_0}/df$$

其中$\hat{F}_0$是总体差异函数(PDF)的估计值，$\hat{F}_0 = \min\{\hat{F} - [df/(n-1)], 0\}$，$\hat{F}_0$是拟合函数最小值。检验结果显示，我们模型的RMSEA=0.062>0.05，表明数据与定义模型拟合一般。

(2) 相对拟合指数。通过比较目标模型与一个基本模型的拟合来考察模型的整体拟合程度，包括：

① 标准拟合指数(Normed Fit Index，NFI)。检验结果显示，我们的最终模型的NFI=0.893，小于0.9，拟合一般。

② 非正态化拟合指数。检验结果显示，TLI值为0.887<0.9，拟合一般。

③ 相对拟合指数(Comparative fit index，CFI)。检验结果显示，我们的最终模型的CFI=0.922，大于0.9，拟合较好。

模型总体拟合检验见表6-1。

表6-1 模型总体拟合检验

拟合指标	指标值	拟合情况
拟合优度卡方检验χ^2	732.85	
自由度Degree of Freedom	167	
绝对拟合指数P	0.183	大于0.05，符合要求
χ^2/df	4.388	大于4，一般
拟合优度指数GFI	0.926	大于0.9，较好
调整的拟合优度指数AGFI	0.904	大于0.9，较好
近似误差均方根RMSEA	0.062	大于0.05，一般
非正态化拟合指数TLI	0.887	小于0.9，一般
标准拟合指数NFI	0.893	小于0.9，一般
相对拟合指数CFI	0.922	大于0.9，较好

2. 初始模型的假设检验结果

假设检验结果见表6-2和图6-4。6条假设中有4条获得支持，2条未获得支持。

表 6-2　初始模型中假设检验通过的总体情况

假设编号	假设描述	标准回归系数/相关系数	P 值/Sig.	检验结果
H1	区域创新系统的财力资源投入与区域创新系统的科技成果产出数量正相关	0.542	0.025	支持
H2	区域创新系统的财力资源投入与区域创新系统的科技成果产出质量正相关	0.014	0.273	不支持
H3	区域创新系统的财力资源投入与区域创新系统的产业成果产出正相关	0.456	0.003	支持
H4	区域创新系统的人力资源投入与区域创新系统的科技成果产出数量正相关	0.263	0.028	支持
H5	区域创新系统的人力资源投入与区域创新系统的科技成果产出质量正相关	0.299	0.011	支持
H6	区域创新系统的人力资源投入与区域创新系统的产业成果产出正相关	0.007	0.171	不支持

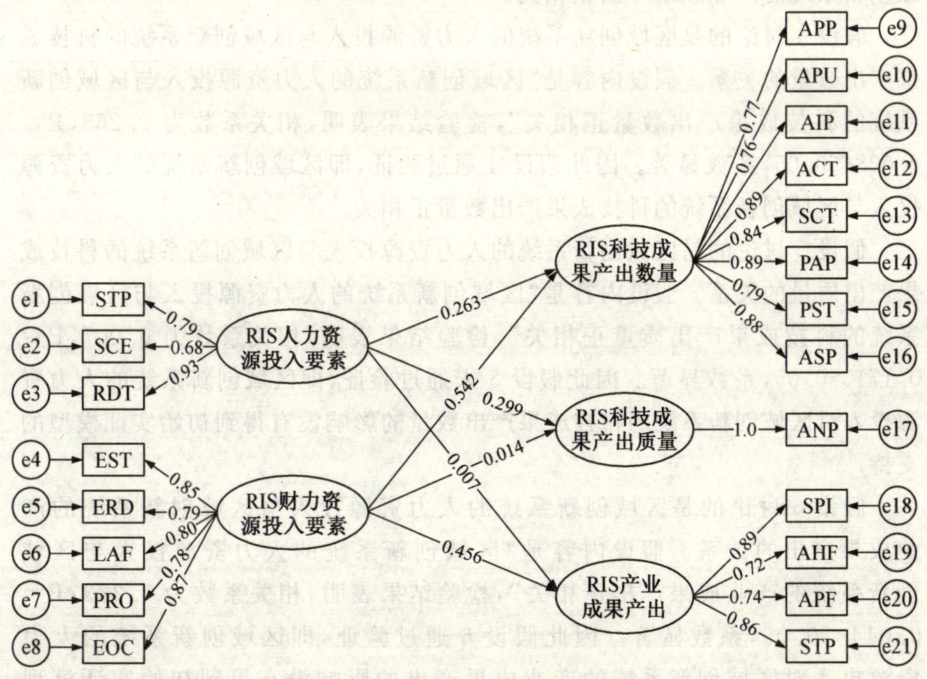

图 6-4　初始模型的假设检验结果

假设1讨论的是区域创新系统的财力资源投入与区域创新系统的科技成果产出数量的关系。假设内容是“区域创新系统的财力资源投入与区域创新系统的科技成果产出数量正相关”，检验结果表明，相关系数为0.542，P=0.025<0.05，系数显著。因此假设1通过验证，即区域创新系统的财力资源投入与区域创新系统的科技成果产出数量正相关。

假设2讨论的是区域创新系统的财力资源投入与区域创新系统的科技成果产出质量的关系。假设内容是“区域创新系统的财力资源投入与区域创新系统的科技成果产出质量正相关”，检验结果表明，相关系数为0.014，P=0.273>0.05，系数显著。因此假设2未通过验证，即区域创新系统的财力资源投入对区域创新系统的科技成果产出数量的影响没有得到初始实证模型的支持。

假设3讨论的是区域创新系统的财力资源投入与区域创新系统的产业成果产出的关系。假设内容是“区域创新系统的财力资源投入与区域创新系统的产业成果产出正相关”，检验结果表明，相关系数为0.456，P=0.003<0.05，系数显著。因此假设3通过验证，即区域创新系统的财力资源投入与区域创新系统的产业成果产出正相关。

假设4讨论的是区域创新系统的人力资源投入与区域创新系统的科技成果产出数量的关系。假设内容是“区域创新系统的人力资源投入与区域创新系统的科技成果产出数量正相关”，检验结果表明，相关系数为0.263，P=0.028<0.05，系数显著。因此假设4通过验证，即区域创新系统的人力资源投入与区域创新系统的科技成果产出数量正相关。

假设5讨论的是区域创新系统的人力资源投入与区域创新系统的科技成果产出质量的关系。假设内容是“区域创新系统的人力资源投入与区域创新系统的科技成果产出质量正相关”，检验结果表明，相关系数为0.007，P=0.171>0.05，系数显著。因此假设5未通过验证，即区域创新系统的人力资源投入对区域创新系统的科技成果产出数量的影响没有得到初始实证模型的支持。

假设6讨论的是区域创新系统的人力资源投入与区域创新系统的产业成果产出的关系。假设内容是“区域创新系统的人力资源投入与区域创新系统的产业成果产出正相关”，检验结果表明，相关系数为0.233，P=0.014<0.05，系数显著。因此假设6通过验证，即区域创新系统的人力资源投入对区域创新系统的产业成果产出的影响没有得到初始实证模型的支持。

(二) 修正模型的拟合检验

1. 修正模型的整体拟合程度

假设检验结果见表6-2和图6-4。6条假设中有4条获得支持,2条未获得支持。

根据所采用的估计方法,本书选取了几个具有较好稳定性的指标来评价整个模型的拟合性。

(1) 绝对拟合指数,包括:

① 拟合优度卡方值 $\chi^2=(n-1)F$,其中 F 是拟合函数。本模型的 $\chi^2=454.19$,自由度(Degree of Freedom=166)。χ^2 值与自由度的比值通常应该在1—3之间,且越接近1越好。本模型中 χ^2 值与自由度的比值是2.738,表明初始模型的拟合性程度很好,优于初始设定模型。

② 拟合优度指数(Goodness-of-Fit Index,GFI)。GFI越接近1,说明模型的拟合程度越好。检验结果显示,我们模型的GFI值为0.984,大于0.9,因而模型的拟合性较好,同样优于初始设定模型。

③ 调整拟合优度指数(Adjusted Goodness-of-Fit Index,AGFI)。修正模型的AGFI值为0.978,大于0.9,接近1,因而可以很好的拟合定义的模型。

④ 近似误差均方根(RMSEA)。修正模型的RMSEA=0.008>0.05,表明数据与定义模型拟合很好,优于初始模型。

(2) 相对拟合指数。通过比较目标模型与一个基本模型的拟合来考察模型的整体拟合程度,包括:

① 标准拟合指数(Normed Fit Index,NFI)。检验结果显示,我们的最终模型的NFI=0.978,大于0.9,接近于1,拟合很好。

② 非正态化拟合指数。检验结果显示,TLI值为0.985,大于0.9,表示修正模型拟合很好。

③ 相对拟合指数(Comparative fit index,CFI)。检验结果显示,我们的最终模型的CFI=0.964,大于0.9,接近于1,拟合较好。

模型总体拟合检验见表6-3。

表6-3 模型总体拟合检验

拟合指标	指标值	拟合情况
拟合优度卡方检验 χ^2	454.19	
自由度 Degree of Freedom	166	

续 表

拟合指标	指标值	拟合情况
绝对拟合指数 P	0.409	大于 0.05,符合要求
χ^2/df	2.738	小于 3,较好
拟合优度指数 GFI	0.984	大于 0.9,很好
调整的拟合优度指数 AGFI	0.978	大于 0.9,很好
近似误差均方根 RMSEA	0.008	大于 0.05,很好
非正态化拟合指数 TLI	0.985	大于 0.9,很好
标准拟合指数 NFI	0.978	大于 0.9,很好
相对拟合指数 CFI	0.964	大于 0.9,较好

2. 假设检验结果

假设检验结果见表 6-4 和图 6-5。可以看到,修正模型中的 7 条理论假设全部获得数据的支持。

表 6-4 修正模型假设检验通过的总体情况

假设编号	假设描述	标准回归系数/相关系数	P 值/Sig.	检验结果
H1	区域创新系统的财力资源投入与区域创新系统的科技成果产出数量正相关	0.364	0.012	支持
H2	区域创新系统的财力资源投入与区域创新系统的科技成果产出质量正相关	0.276	0.026	支持
H3	区域创新系统的财力资源投入与区域创新系统的产业成果产出正相关	0.339	0.002	支持
H4	区域创新系统的人力资源投入与区域创新系统的科技成果产出数量正相关	0.236	0.042	支持
H5	区域创新系统的人力资源投入与区域创新系统的科技成果产出质量正相关	0.317	0.001	支持
H6	区域创新系统的人力资源投入与区域创新系统的产业成果产出正相关	0.275	0.043	支持
H7	区域创新系统的财力资源投入与区域创新系统的人力资源投入耦合相关	0.233	0.014	支持

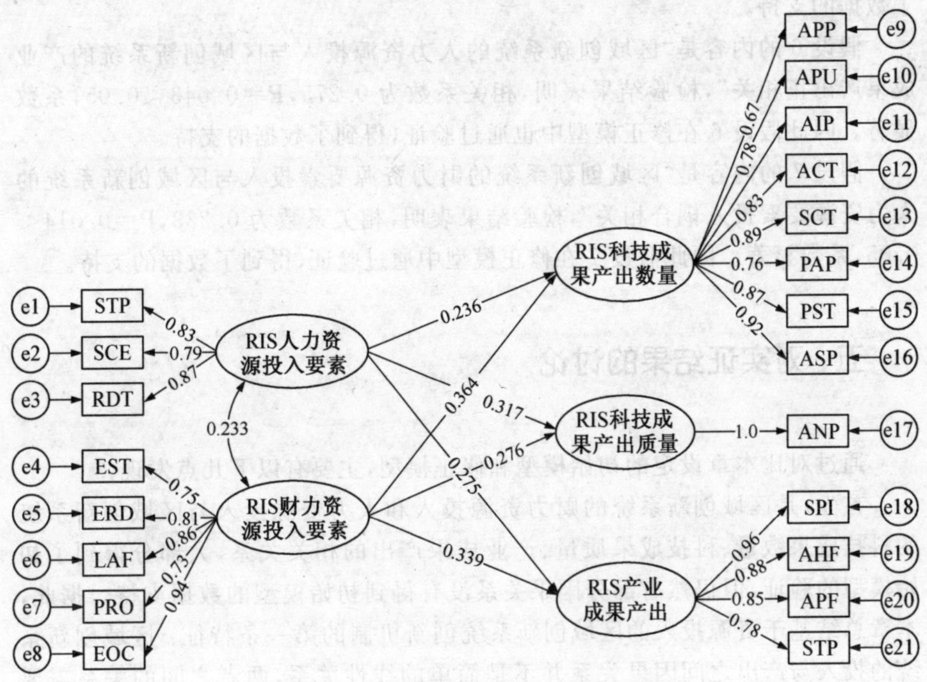

图 6-5　修正模型的假设检验结果

假设 1 的内容是“区域创新系统的财力资源投入与区域创新系统的科技成果产出数量正相关”，修正模型的检验结果表明，相关系数为 0.364，P＝0.012＜0.05，系数显著。因此假设 1 在修正模型中通过验证。

假设 2 的内容是“区域创新系统的财力资源投入与区域创新系统的科技成果产出质量正相关”，检验结果表明，相关系数为 0.276，P＝0.026＜0.05，系数显著。因此假设 2 虽然在初始模型中未通过验证，但是在修正模型中得到了数据的支持。

假设 3 的内容是“区域创新系统的财力资源投入与区域创新系统的产业成果产出正相关”，检验结果表明，相关系数为 0.339，P＝0.002＜0.05，系数显著。因此假设 3 在修正模型中同样通过验证。

假设 4 的内容是“区域创新系统的人力资源投入与区域创新系统的科技成果产出数量正相关”，检验结果表明，相关系数为 0.236，P＝0.042＜0.05，系数显著。因此假设 4 在修正模型中同样通过验证。

假设 5 的内容是“区域创新系统的人力资源投入与区域创新系统的科技成果产出质量正相关”，检验结果表明，相关系数为 0.317，P＝0.001＜0.05，系数显著。因此虽然假设 5 在初始模型中未通过验证，但在修正模型中得到了数据的支持。

假设 6 的内容是“区域创新系统的人力资源投入与区域创新系统的产业成果产出正相关”，检验结果表明，相关系数为 0.275，P＝0.043＜0.05，系数显著。因此假设 6 在修正模型中也通过验证，得到了数据的支持。

假设 7 的内容是“区域创新系统的财力资源要素投入与区域创新系统的人力资源要素投入耦合相关”，检验结果表明，相关系数为 0.233，P＝0.014＜0.05，系数显著。因此假设 7 在修正模型中通过验证，得到了数据的支持。

五、对实证结果的讨论

通过对比本章设定的初始模型和修正模型，主要有以下几点发现：

首先，是区域创新系统的财力资源投入和人力资源投入与区域创新系统的科技成果数量、科技成果质量、产业成果产出的相关关系，大部分得到了初始模型的验证，但仍然有部分因果关系没有得到初始模型的数据支持。据此，本章总结基于资源投入的区域创新系统创新机制的第一条特征：区域创新系统的投入与产出之间因果关系并不是简单的线性关系，两者之间的关系需要放在整个创新系统中加以研究。

其次，假设 2“区域创新系统的财力资源投入与区域创新系统的科技成果产出质量正相关”和假设 6“区域创新系统的人力资源投入与区域创新系统的产业成果产出正相关”在初始模型中没有得到数据的支持，但在修正模型中得到验证。这说明区域创新系统财力资源投入与科技成果产出质量，以及区域创新系统的人力资源投入与区域创新系统的产业成果产出之间的因果关系受到区域创新系统财力资源投入和人力资源投入之间相互关系的影响。据此，本章总结基于资源投入的区域创新系统创新机制的第二条特征和第三条特征。

第二条特征：区域创新系统人力资源投入调整区域创新系统财力资源投入与区域创新系统科技成果产出质量之间的关系：区域创新系统人力资源投入越大，区域创新系统财力资源投入对区域创新系统科技成果产出质量的影响越大；区域创新系统人力资源投入越小，区域创新系统财力资源投入对区域创新系统科技成果产出质量的影响越小。

第三条特征：区域创新系统财力资源投入调整区域创新系统人力资源投入与区域创新系统产业成果产出之间的关系：区域创新系统财力资源投入越大，区域创新系统人力资源投入对区域创新系统产业成果产出的影响越大；区域创新系统财力资源投入越小，区域创新系统人力资源投入对区域创新系统产业成果产出的影响越小。

再次，假设7“区域创新系统的财力资源投入与区域创新系统的人力资源投入耦合相关”得到修正模型的支持。说明两者之间的相互关系十分密切，互为支持，互相耦合，部分佐证了论文第四章总结的区域创新系统资源配置效率变化的第二条特征，即从投入角度来看，财力资源配置效率和人力资源配置效率交替成为资源配置效率改进的重点。人力资源和财力资源交替成为效率改进的重点，原因之一正是在于两者之间的耦合机制。

聚焦在区域创新系统发展的任何一个发展阶段，如果财力资源投入较为充分，则需要更多的人力资源投入，这样才能提高区域创新系统中创新资源的整体配置效率。反之亦然，如果人力资源投入较为充分，那么财力资源也必须能够得到充沛的投入，否则事倍功半。据此，本章总结基于资源投入的区域创新系统创新机制的第四特征：区域创新系统的财力资源投入和人力资源投入在数量上的匹配，影响区域创新系统的资源配置效率和综合创新绩效。

第七章
提升区域创新系统资源配置效率的策略研究

本章针对我国区域创新系统资源配置现状、存在的问题与缺陷，以及资源投入面临约束条件的现实，结合对区域创新系统发展阶段和资源配置效率变化特征的分析，提出驱动我国区域系统资源配置的政策启示和策略建议。

一、基于区域创新系统资源配置效率变化特征的政策启示

（一）重视区域创新系统投入与产出的内部结构

通过本书第五章的DEA-Tobit三阶段模型结果可以看出，上海市1995—2004年创新系统资源配置效率从规模收益的变动趋势来看，1995年和1998年的资源配置效率值最高，位于技术有效的前沿面上，其他各年的技术效率值（C^2GS^2效率值）的变化趋势是逐渐递减。因此，在除了1995年和1998年的其他各年中，相对于创新系统投入而言，并没有获得理想的产出。同时，从C^2R效率值（既规模有效又技术有效）的变化来看，C^2R效率值在波动中不断降低，说明创新系统资源投入的增加，无法获得产出的等比增加。根据数据分析的结果，本书总结了上海市区域创新系统资源配置效率演化的第一条规律：简单的增加区域创新的资源投入，忽视系统投入与产出的内部结构，不仅不能带来理想的收益，反而降低资源的配置效率。

对于发展中的国家或地区而言，创新资源投入具有相当大的约束条件，因此，政策制定者要把握好区域创新系统投入与产出的"质"与"量"的关系，政策制定者要结合区域创新系统各个阶段的特点优化区域创新系统所处阶段的投入产出结构，提高区域创新系统资源配置效率。

(二) 财力资源的投入根据人力资源的存量确定

规律二：从区域创新系统内资源投入的角度而言，财力资源配置效率和人力资源配置效率交替成为创新系统内资源配置效率改进的重点。

当人力资源相对充沛时，系统内的人力资源会对财力资源具有一定的需求，对财力资源产生一定的“拔拉”效应；而当人力资源相对匮乏时，人力资源存量会制约财力资源的利用效率，进而降低系统内现存资源的配置效率。

这一规律的启示在于，对于区域创新系统内的政策制定者(policy maker)而言，财力资源的投入应该根据人力资源的存量来确定。财力资源的使用必须有一个良好的人力资源基础。财力资源的利用需要人力资源作为平台，简单的财力资源投放不仅不会提高系统内资源配置效率，同时还会产生资源冗余，进而降低资源的配置速度，导致寻租行为的滋生。

(三) 认真评价、识别区域创新系统的发展阶段

规律三：从产出的角度而言，在区域创新系统发展的第一阶段，区域创新系统内科技成果产业化程度的提高，是创新系统资源配置效率改进的主要方向；在区域创新系统的第二阶段，科技成果数量的增加，成为创新系统资源配置效率改进的主要方向；而在区域创新系统的第三阶段，科技成果质量的提升则成为资源配置效率改进的主要方向。

同所有开放系统一样，区域创新系统的发展具有阶段性的特征。如果将区域创新系统的发展划为三个阶段，那么科技成果产业化程度、科技成果数量、科技成果质量应该是区域创新系统三个阶段快速发展的侧重点所在。我们从规律二可以看出，在上海市创新系统发展的第一阶段，科技成果产业化程度的提高，是创新系统资源配置效率改进的主要方向；而在上海市创新系统的第二阶段，科技成果数量的增加，成为创新系统资源配置效率改进的主要方向；而在上海市创新系统的第三阶段，科技成果质量的提升则成为资源配置效率改进的主要方向。把握好这样一个阶段性的特征，才能明确各个发展阶段区域创新系统的主要矛盾所在，快速提高区域创新系统的核心竞争力。

这一规律的启示在于，政策制定者应认真评价、识别区域创新系统发展所处的阶段，并根据对区域创新系统所处阶段的判定，将系统内的人力和财力资源配置到主要的“产出”方向，才能系统地提高区域创新系统的资源配置效率。

二、区域创新系统环境变量对资源配置效率负影响的启示

本书第五章实证研究得出：就环境（调节变量）的角度而言，区域创新系统生产新技术的能力（GDP）和对新技术的潜在吸收能力（POP）对资源配置效率有一定影响，影响的大小和方向根据具体情况相机而定。

从本书第五章可以看出，GDP 和上海市创新系统的常住人口数量对资源配置效率有一定影响，但是文盲半文盲率对资源配置效率的影响并不显著。一方面，常住人口数量虽然部分表征了区域创新系统对新技术的潜在吸收能力，但其增加并不一定会导致资源配置效率提高，相反，如果区域常住人口数量的增加导致了创新系统内资源流动（人才流动、资金流动以及知识流动）的阻塞（congestion），使得资源配置的优化速度减慢，反而会降低创新系统内资源配置的技术有效性。另一方面，实证研究的结果也表明，区域创新系统内常住人口的增加对于新技术的吸收能力尚且比较有限。这一规律的启示在于，政策制定者应认真把握区域创新系统的新增加人口的素质，提高常住人口对新技术的潜在吸收能力。

另外，我们也发现当 GDP 的增长带动了区域创新系统内资源的不合理的、过多的投入时，资源充沛就会导致资源冗余的产生，同样可以导致区域创新系统内资源流动的阻塞，并促发部分高才者产生寻租的行为。这一规律的启示在于，政策制定者要避免由于区域经济快速增长所带来的财力资源不合理的、过多的投入，并且要根据区域创新系统人力资源的存量来确定财力资源的投入。

此外，新技术的开发与商业化不同于一般的商品生产，其存在着规模收益递减的规律。区域创新系统的整体绩效一定程度上要受到基础研究发展的约束。

应该重新审视新技术的增长规律：创新活动要受到基础研究发展的影响。虽然基础研究并不直接产生经济效益，但从区域创新系统的整体角度来看，需要加大对基础研究的资源投入，进一步对创新活动进行持续的支持。认识到基础研究与创新活动的耦合性机理，正是区域创新系统持续发展的根本所在。

三、驱动区域创新系统资源配置效率提高的发展策略

（一）建立区域创新资源共享体系

成立区域创新系统基础设施建设论证委员会和区域创新资源网络管理中

心(委托某个事业单位),具体负责区域创新资源网络的建设和管理。把创新资源网络建设纳入区域发展总体规划和区域创新长远规划,按照仪器设备的经济辐射半径和技术辐射半径及价值工程原理,拟订区域创新条件建设方案,统一空间布局,建立区域创新资源空间网络系统。

改革创新资源形成机制和使用机制,建立网络平台建设投资与研究开发项目经费相分离的管理体制,彻底改革创新资源形成机制。引入多元投资机制,对新建平台本着谁投资谁拥有、谁收益的原则,收取租用费。建立区域创新资源网络运作基金,保证网络正常运作,并对入网仪器设备共享效益显著的单位和个人给予补贴和奖励。

(二) 利用市场机制进行优化配置

市场机遇和经济效益是驱动区域创新系统资源配置效率提高的根本动力,应当充分发挥市场对区域创新系统资源的优化配置作用,通过价格机制、竞争机制和供求机制实现区域创新系统资源配置机制顺利运行,实现区域创新系统资源的高效利用。公开而透明的科技信息是保持市场竞争机制、价格机制与供求机制有效发挥的前提,企业、高校与科研院所应当主动挖掘与充分利用相关信息,抓住市场机遇,基于优势互补原则,选择合适的区域创新系统资源配置机制伙伴,以实现各方资源的有效整合与优化配置。

第一,要掌握和公布市场需求和合作信息。企业应积极利用信息网络,搜集和研究未来市场机遇与技术需求信息以及已有和潜在的研发伙伴共享科技优势资源信息,发现新的市场机遇,并探求创新的可能性。高校与科研院所应基于技术发展趋势,面向企业未来需求,主动地研发具有市场前景的技术及产品,宣传拥有的优势科技资源与特色,及时发布最新的科技成果,不断发现和积累有关企业合作伙伴信息,寻找与企业合作的新机会。建立利益共享和风险共担理念。在我国社会主义市场经济条件下,企业是技术创新的主体。因此,为了建立适宜的区域创新系统,企业应首先明确其发展目标、技术需求与合作愿望,主动承担市场风险,愿意与合作各方利益共享;而高校与研究院所应表明与企业合作的意愿,不仅能够与企业共享研发成果和相关利益,并愿意提供有关技术支持和承担一定的技术风险。

第二,企业应当根据市场和技术需求,选择相关领域研究中具有研发优势、技术积累以及具备稳定人才队伍和良好前期基础的高校与科研院所作为区域创新系统伙伴,保障区域创新系统的高效运行。高校与科研院所则应当选择领域相关、在研发优势上具有互补性的、遵守诚信的企业,基于市场机遇,共同联合开发技术与产品;或者通过技术许可、转让或技术入股等形式选择合适的企业对其科技成果进行转化与推广，获得相应利益。另外，在研发合作过程中，区域创新系统各方应发挥各自优势，有效整合与优化配置各方资源，以提高区域创新系统的创新效率、研发水平和竞争实力。

第三，要建立和完善区域创新系统资源的内部管理制度。为了有效发挥市场机制的配置作用，应建立和完善区域创新系统资源配置机制内部有关管理制度，包括制定和完善规章制度和实行规范管理、建立区域创新系统诚信、激励和资源共享机制，以提高区域创新系统创新资源的利用效率。

第四，要制定和完善规章制度，实行规范管理。在区域创新系统运行过程中建立一套规范的规章制度，对各方的行为进行有效约束。在制定区域创新系统资源配置机制发展战略之前，应当充分考虑区域创新系统各方意见，向各方及时通报，采取信息披露制度，将不涉及机密的区域创新系统信息向各方公开，通过工作的规范化和透明化，提高各方创新的积极性和区域创新系统资源配置的效率。

第五，要建立区域创新系统诚信、激励和资源共享机制。在市场经济条件下，区域创新系统资源配置效率的提高在很大程度上取决于区域创新系统彼此信任程度，因此有必要建立和不断完善区域创新系统的诚信机制，通过项目共同研发、信息交流、组织学习等方式，增强区域创新系统各方彼此了解和信任程度；并在技术、区域创新系统资源配置机制发展等一系列问题研究上开展有效合作，形成区域创新系统创新文化，促使各方从区域创新系统发展战略出发，努力提高资源配置效率，促进区域创新系统的可持续发展。此外，应建立和完善激励机制，以鼓励区域创新系统各方及其相关人员积极为区域创新系统发展作贡献；同时，不断完善资源共享机制，鼓励区域创新系统各方及时和主动发布资源共享信息，按照区域创新系统协议规定或优惠的市场价格为区域创新系统伙伴提供支持。

基于科技计划和市场机制的区域创新系统资源配置机制是区域创新系统资源配置是两种相互补充的方式。为此，实现区域创新系统资源优化配置的最佳方式是将科技计划与市场机制有效结合，以充分利用各种机遇，促进区域创新水平的提高。基于科技计划形成的区域创新系统资源配置机制，在其研发过程中，可能会发现新的市场机遇，使其面向市场需要研发新的项目。同时，基于市场机制自由组合形成的区域创新系统资源配置机制，在研发过程中，可充分利用区域创新系统优势，积极申报相关科技计划项目，以获得政府科技经费支持。无论是基于科技计划，还是基于市场机制建立的区域创新系统，都应根据区域创新系统的优势和发展机遇，进一步开展新的合作，以形成持续、循环和不断提高的发展势态。

(三) 提高区域创新系统人力投入

健全科技人才培育机制是技术创新的根本所在。著名经济学家约瑟夫·斯蒂格利茨认为“高技术发展离不开巨额的人力资本的投资”。以吉林省区域创新系统为例,尽快加强对区域创新系统人力资源的投入,改善人才流失严重的现状,遏制由于创新人才资源投入下降对区域创新系统资源配置效率造成的不良传导影响,显得更加迫在眉睫。

首先,区域创新系统要建立有利于人才流动的开放式用人机制。对于人才集中的高科技企业要建立流动的、开放式的选人用人机制,这是适应企业自身特点和市场变化的必然要求,也是企业人才机制创新的前提条件。第一,要建立有效的人才流动机制。人才流动是优化人才资源配置不可缺少的环节。要根据高科技企业的实际,采取多种形式,加快企业内部人才市场化方式配置进程,以企业内部人力资源市场为载体,推动人才的合理流动。同时,要进一步与企业外部市场接轨,积极引进企业急需、紧缺的各类人才,满足企业发展需要。第二,要建立开放式的人才引进机制。坚持“不求所有,但求我用”的原则,把引进人才与重大课题项目攻关相结合,把引才与引智相结合,不断拓宽高素质人才的吸纳渠道。采取合作培养、交换使用、技术咨询和兼职招聘等开放式形式,以岗位、项目、任务和“长租短借”等灵活方式,聘请专家、教授到企业兼职、咨询、讲学或联合攻关,鼓励人才以多种形式为我所用,不断增强人才引进的灵活性和实用性。

其次,要加快教育体制改革,建立以全面素质教育为基础和以创新意识为核心的人才培养机制,加大教育投入。一个区域拥有丰富的人力资源,并不意味着区域创新功能的实现和创新效率的提高,还需要区域内劳动力整体素质的不断提高,即学习能力和创新动力的不断增强。否则,大量人力资源在地域上的集中,只能是沉淀资本的积累。因此,具有创新能力的高素质人才,尤其是具有综合素质的人才群体才能推动区域创新活动的发生,并使这种创新持续地产生。说到底经济技术的竞争就是创新人才的竞争,而人才的培养需要教育体系的不断完善,需要政府制定以全面素质教育为基础和以创新意识为核心的人才培养机制,加大教育投入。只有这样,拥有强大的人才储备,区域创新系统的资源配置效率才能持续的提高。

(四) 全面提高企业自主创新能力

提高企业自主创新能力,首先是要巩固企业创新主体地位。一是要加快区域创新系统内企业技术中心等研发机构的建设,提高企业自主研究能力。

可以通过政策的引导以及资金协助，促使企业建立健全各具特色的创新机构。二是有一定科研开发实力和发展规模的企业要建立以自主研究开发为主的自主研究型技术中心。三是中小企业技术力量与总体实力相对较弱，要求建立起消化、吸收型的开发机构或产品开发部，设置专职负责技术引进的技术人员，注重对技术的引进、消化和吸收。四是强调大、中、小企业之间的协调创新和协调成长，不仅要对基地的龙头骨干企业扶强扶优，而且要对中小企业提供足够的支持，努力为不同企业之间的交流与合作创造条件。同时，还要重视发挥企业家的创新精神。

另外，要密切高校、科研机构与企业的联系，加快科研成果转化。我国科技人才主要集中在高等院校和科研院所，每年都有大量的科研成果产生，但是许多科研成果都束之高阁，未能转化为现实生产力。这其实反映了产、学、研等要素缺乏耦合的问题。为此，必须密切企业与高校、科研机构的联系，促进科研成果转化为现实生产力，以充分调动高校及科研机构的创新积极性。

技术创新存在诸多不确定性。如技术前景的不确定性、市场前景的不确定性、收益丰欠的不确定性、制度环境的不确定性等，而且创新成果又极易被盗版和流失。技术创新的高投入、高风险的性质，使它所要求的环境条件比其他投资都要苛刻得多。在促进企业成为创新主体的过程中，政府应发挥重要的作用。关键是要调整好政府、企业和市场的关系。政府的职能是培育有效率的市场，进行战略指导、制定规则、政策引导、提供公共产品和服务，还应以政府资金引导，开发共有技术平台。企业是技术创新决策的主体、研发投入的主体、研发活动的主体、成果转化的主体、获取创新效益和承担创新风险的主体。市场则为技术创新出题目，为企业创新提供动力，为创新活动提供融资和服务支持，为创新成果提供出口，为创新的失败提供分散风险的途径。在体制转轨过程中，政府要着力消除抑制企业创新动力不足的体制和政策原因，重建企业技术创新动力机制。使市场的力量能有效地驱使更多的企业转变增长方式，调整竞争战略，走出低成本恶性竞争的泥潭，转向差异化创新战略。

创造有利于技术创新的市场环境。企业创新的价值只能通过市场实现。因此，持续创新的动力来自于市场，包括政府支持和鼓励企业创新的政策，也只有通过市场才能吸引企业注重创新。没有市场力量的驱动，企业不会平白无故地去“创新”。有获取利益的捷径，谁也不会多走一步，即便是政府号召、舆论推动，企业也不会为之所动。要消除不规范的政策性暴利机会对企业的诱惑，使真实的价格信号、比较效益和市场风险性成为诱导企业行为的主流。在只有创新才能生存或成功的创新能安全地获得高回报的市场环境下，企业才会不断地将所控制的资源投向创新，而创新成果也会随之不断出现。营造企业必须走创新之路的商业环境,“逼迫”和“吸引”企业走上创新之路的责任则在政府。

切实保护知识产权。知识产权比任何实物资产都更容易被盗窃、复制和侵权。长期以来,由于知识产权保护缺乏有效性,受盗版、假冒伪劣的不断冲击,即便成功的技术创新也很难获得较好的效益,使技术投入回收的预期一次次破灭,大大挫伤了企业创新的激情。在知识产权得不到市场有效保护的情况下,一些创新型企业只好强化“自我保护”。但是“道高一尺,魔高一丈”,这些创新企业疾呼,知识产权自我保护的成本太高,已经到了难以承受的地步了。如果盗用他人的技术可以连连得逞,复制他人产品可以通行无阻,那么谁也不愿意再去创新技术。

使企业创新成果获得市场机会非常重要。例如,技术装备是技术含量比较高的领域,重大技术装备研制的机会又十分有限。新装备的设计、开发、研制,是提高企业技术能力难得的机会。中国是制造大国,又处于工业化的重要时期,装备工业有巨大的市场机会,这本应成为提高企业自主创新能力的强大驱动力。但是,在缺乏政策支持的情况下,一般用户不愿意承担国内研制装备的风险。政府订货具有支持企业创新、分担创新风险的功能,但很多国家订货和“准国家订货”往往以“只许成功,不许失败”为名,设置了如“首台首套”等壁垒。国内企业因没有“首台首套”的历程,往往被拒之于投标入围的门槛之外,这就使中国企业创新产品的市场出口变得非常狭窄。市场出口不畅,从根本上堵住了企业创新之路,使企业失去了大量创新的机会。这些歧视性条件不仅磨灭了企业创新的激情,而且打击了企业的自信心。

探索产学研结合的途径,支持科技型中小企业发展。在创新的链条上,大学与中小企业及大型企业处于不同位置,扮演不同的角色。一般而言,大学处于前端,主要承担知识和基础技术的创新;中小企业则是应用技术创新的生力军;而大型企业的一个重要功能是技术集成,将创新成果推向最终用户。要求大学发挥企业研发中心的作用是不现实的,也不合理的。大学与企业“两张皮”的一个重要原因,是在两者之间缺乏众多活跃的科技型中小企业的创新活动。有调查显示,即便在大型企业十分强盛的美国,技术创新83%的成果仍来自于中小企业。技术创新除高风险的性质外,还需要强烈的产权激励、敏锐的价值发现能力、灵活的决策机制、尊重个人的制度安排,既勇于冒险、又有利于分散的风险结构。中小企业和民营企业由于更加符合这些特质,使它们成为技术创新的一支生力军。但是,中小企业是企业群体中的弱者,很多科技企业创业者有创意、有知识,但缺乏资金支持和商业运作经验。政府的政策扶持,培育具有价值发现能力、市场嗅觉灵敏的风险投资机构,培育专业化的服务、孵化、辅导体系,健全的技术市场,是提高成功率必不可少的条件。

（五）加快区域创新系统制度创新

首先是加大科技创新的投资力度，拓宽融资渠道。一是科技投入要优化结构，有选择、有重点地开展。稳定增加对区域内科技基础性技术和产业共性技术攻关的投入力度，引导产业的技术升级，根据区域产业发展的特点，对于符合区域经济发展的产业，尤其是高新技术领域，必须充分给予支持；稳定增加对科技基础性工作和科技基础设施建设方面的投入，灵活运用投资补助、贴息、价格、利率、税收等多种手段引导社会投资，优化投资的产业结构和地区结构。二是引导企业成为科技投入的主体，引导金融风险机构加大科技投入。可以采取政府资助和企业研发相结合的机制，强化企业对产业技术选择的参与和市场导向的自主决策，充分发挥企业对产业技术的识别能力，加强产业技术选择和创新的市场决策程度，使企业成为产业技术创新的决策和投资主体、研发主体。

其次是调整产业政策，消除区域创新障碍。以促进区域创新系统、提高市场竞争力和可持续发展能力为目标，以区域创新系统内的企业为对象，而不是在全地区范围内实施"一刀切"的政策。同时要组织和协调好创新资源各要素间的关系，努力消除区域产业区域创新系统的制度壁垒，整合区域经济资源。区域创新系统构建的目的，在于打破本地创新主体间的联系阻隔，加强彼此间的交流与合作。

再次是培育区域创新环境，提供优越的创新空间。环境建设是区域创新系统构建的要件。政府不仅要提供必要的基础设施等物质环境，更应创造一个适宜创新的区域文化和制度环境。比如诚信是市场经济必不可少的基本要求，一个以信任为基础，拥有浓厚的创新氛围的区域，必将促进企业、大学、研究机构、中介机构之间的网络合作关系，建立起共同学习的机制，加快知识创造与扩散的速度，促进要素的耦合与生长，从而使区域经济发展建立在强大的创新能力基础之上。

此外要构建一个庞大的社会化服务体系，这个服务体系是由以知识服务于科技创新活动的各类中介组织组合而成，为技术创新提供完备的服务。科技中介服务机构作为为科技创新主体提供技术市场体系社会化、专业化服务，以支撑和促进创新活动的机构，对有效配置科技创新资源，加速科技成果向现实生产力转化，提高我国整体创新能力和创新效率都具有重要意义。所以要遵循市场规律，按照独立、中立、公正的执业原则，逐步建立起与市场经济相适应的科技中介服务运行机制。同时，在区域创新系统发展战略和科技发展规划中，抓紧制定科技中介服务体系建设规划，将科技中介服务业作为知识经济的一个大产业来发展。从各地区的实际情况出发抓好三个环节：(1) 着手创建目前尚缺位且作用重要的科技评估、技术产权交易、科技信用等中介机构；(2) 促进部分科技中介机构扩大服务功能、提高服务水平；(3) 加大扶持骨干科技中介机构的力度，学习先进的管理经验和运作模式，优化资源配置，逐步构建一个结构合理、门类齐全、机制灵活、功能完备的科技中介服务体系。另外，要加快组织创新，建立网络化的动态的服务组织系统。采取“小核心、大网络”的组织形式，有效整合科技中介资源。“小核心”是指科技中介服务体系的核心层由科技中介服务机构自身的人员组成；“大网络”是指充分利用社会优势资源，选择适合科技中介服务机构业务开展的合作伙伴，形成动态联盟，逐渐形成目标一致、相互协调、动态有序、不断发展的网络化的科技中介服务组织体系。完善技术市场，组织开展各种形式的新技术推广活动，通过开展技术咨询、技术交流与合作、技术培训等活动，传播和推广先进成熟的技术，推动技术含量高、产业关联度强、经济社会效益显著的技术向高科技企业重点是中小科技企业的转移和扩散，推动中小高科技企业的技术创新工作。

最后是建立创新环境层面的支撑体系。区域创新环境，即区域创新网络，是指在一定区域内发展高新技术产业所必需的社会文化环境，是区域各行为主体之间通过长期正式与非正式合作与交流形成的、以增强创新能力为目的的、相对稳定的联系网络。有的学者在研究中关村的区域创新网络时认为区域创新网络的主要特点是开放与动态性、平等与互惠性、网络交流是多层次、多渠道及相对稳定的(罗利元等，1999)。区域创新网络是区域创新系统的主要形式和有效载体。研究表明创新是很多行为主体通过协同作用而创造技术的过程，发达区域存在着新的产业文化—创新主体相互依存的集体学习环境，形成了根植于本地社会文化的复杂的区域创新网络，因此必须重视创新网络和社会文化环境的构建(王辑慈，1999；Ann Lee Sxaenian，1994)。区域创新网络中各行为主体相互作用、相互激发，采取良好的网络组织形式和运作方式，各尽所能，各得其所，取得“整体大于局部之和”的效果；区域创新网络加速了区域信息、技术、人员、资金及政策等创新资源的流动，使大量交流结点出现，特别是新技术企业最为活跃，促进了创新；区域创新网络是发展区域内企业和区域经济的一种制度性手段，减少区域内各行为主体创新的不确定性，使各主体更好地控制环境，促进区域经济的发展。构建和完善区域创新网络，政府应起主导作用，企业也有相应的任务，二者的具体内容如下：在政府层面，应当着力加强人文环境、法制环境、经济环境三方面的建设。在人文环境方面，提高区域创新网络意识，吸引和培养创新型的高技术人才，有意识地发展多种知识产业，建立良好的创新激励机制和多层次的网络交流机制，营造科技创新的社会氛围，培育科技创新人才的教育体制。在法制环境方面，普及法律知识、树立法治意识、加强法制建设、加大法治力度、打击不法行为、构筑良好的法制环境。在经济环境建设方面，建立科技创新可持续化的政策扶持机制，建立完善的科技创新融资体系。而在企业层面，企业自身应把握对科技创新可持续化影响较大的环境因素，使企业的发展目标、科技力量、管理方式、组织机构等都向“可持续化”转变。

第八章
结　语

本书在考虑到具体区域的生产特征的基础上，研究了区域创新系统资源配置效率的变化特征，以及基于资源投入的区域创新系统创新机制，弥补了跨地区比较研究的缺陷，提高了政策指导的可行性。

本书完成的具有创新性的结论与成果包括如下几个方面：

(1) 通过实证研究，分析了区域创新系统投入与产出的结构。对于发展中的国家或地区而言，创新资源投入具有相当大的约束条件，探索区域创新系统投入与产出的结构，进而结合区域创新系统各个阶段的特点优化结构，提高区域创新系统资源配置效率成为目前研究的一个空白。本书根据目的性、科学性等原则，设计了区域创新系统资源配置效率测度的指标体系和环境指标体系，并使用探索性因子分析，将区域创新系统资源投入和产出分别归纳为两个维度和三个维度，为今后研究区域创新系统资源配置效率开辟了新的方向。

(2) 提出并验证了区域创新系统阶段发展理论，构建了区域创新系统发展阶段识别模型。过往的研究基本根据产品寿命周期理论提出区域创新系统的变化必然经历三个阶段，本书通过实证研究，支持了区域创新系统从起步阶段到成熟阶段需要一个渐进的发展过程。并且根据理论研究，构建了区域创新系统发展阶段识别模型，弥补了这方面研究缺乏数据支持的空白。

(3) 采用三阶段 DEA 分析方法，分析环境变量与随机干扰项等因素对区域创新系统资源配置效率的影响，并基于实证研究的结果总结了三条区域创新系统的资源配置效率演化规律：第一，简单的增加区域创新的资源投入，忽视系统投入与产出的内部结构，不仅不能带来理想的收益，反而降低资源的配置效率。第二，从投入角度来看，财力资源配置效率和人力资源配置效率交替成为资源配置效率改进的重点。第三，从产出的角度而言，在区域创新系统的三个发展阶段，产业成果产出、科技成果数量、科技成果质量的提升分别是各个发展阶段资源配置效率改进的重点。

(4) 针对过往区域创新系统创新机制模型存在无法从投入产出的角度分析如何促进区域创新系统综合绩效的提高,无法量化评估各个主体要素对区域创新系统的贡献和改善方向等缺点,构建了基于资源投入要素的区域创新系统创新机制模型,并选择结构方程模型作为研究方法,验证模型与假设。同时,对实证研究的结果进行了讨论,总结了基于资源要素投入的区域创新系统创新机制的四个特征。

与此同时,本书也存在一定的局限性。首先,资源投入存在滞后性和累积性。滞后性指从研究开发到获得新的技术知识,将其用于生产,要经过一定时间。当年的科技资源投入并不会马上带来经济效益。累积性指投入会在今后一段时间内对产出发挥作用。虽然本书根据过往研究的经验,将产出数据滞后一年,但是仍然无法解决不同区域创新系统资源投入滞后性和累积性存在的差异,可能导致实证研究出现不同结果。如何根据不同区域创新系统的特征,选择滞后的年限将是以后研究的一个重要方向。其次,由于我国科技统计数据口径与国外发达国家有一定的差异。所以很难跨国度,对不同区域创新系统资源配置效率变化特征和创新机制进行比较研究。如何将不同国家科技统计数据口径换算成具有可比性的数据,进而再次验证本书所提出的观点和结论,也将是未来的重要研究方向。

附 表

本文实证研究原始数据(a)

年份	专业技术人员/万人	科技活动人员/万人	科学家工程师/万人	R&D人员/万人	科技投入/亿元	R&D投入/亿元	地方科技拨款/亿元	科委管理经费/亿元
1995	91.64	19.30	11.98	5.56	105.16	32.60	5.12	3.85
1996	94.16	20.26	13.76	5.95	111.13	40.90	5.63	4.24
1997	90.05	19.21	13.59	5.66	141.34	49.76	7.65	5.93
1998	88.58	19.99	12.89	5.09	136.84	55.69	8.28	6.42
1999	79.16	16.04	11.05	4.88	136.83	63.75	10.83	6.45
2000	82.94	20.17	13.36	6.31	192.00	76.73	10.08	7.27
2001	81.13	17.57	12.25	5.20	222.47	88.08	12.39	9.11
2002	79.97	17.89	12.56	5.47	253.32	102.36	15.25	10.10
2003	79.01	17.59	12.33	5.62	288.44	128.92	19.84	13.29
2004	74.90	18.25	12.23	5.73	364.94	170.28	39.32	14.16
2005	75.08	19.67	14.55	7.07	419.34	213.77	79.34	17.13

本文实证研究原始数据(b)

年份	专利申请量/项	专利授权量/项	发明专利/项	技术合同签订数/项	成交技术合同/亿元	三大检索收录论文/篇	科技成果/项
1995	2456	1436	72	21213	23.04	2343	1350
1996	3154	1610	74	20074	25.65	2304	1094

续 表

年份	专利申请量/项	专利授权量/项	发明专利/项	技术合同签订数/项	成交技术合同/亿元	三大检索收录论文/篇	科技成果/项
1997	3120	1886	88	18863	28.76	2727	1193
1998	3419	2334	97	18364	31.41	2714	1305
1999	4605	3665	189	19721	36.63	4391	1252
2000	11337	4050	304	20974	73.90	5226	1102
2001	12777	5371	242	23816	106.16	6085	1338
2002	19970	6695	341	26010	120.21	7824	1418
2003	22374	16671	880	27292	142.78	9844	1508
2004	20471	10625	1687	27327	171.70	11384	1629
2005	32741	12603	1997	30290	231.73	12514.7	1701

本文实证研究原始数据(c)

年份	获上海科技进步奖/项	高新技术产业产值/亿元	高新技术企业/个	高新技术企业总产值/亿元	民营科技企业数/个	民营企业技工贸收入/亿元
1995	276	636.86	411	477.20	6787	176.99
1996	255	751.50	496	535.20	6902	209.73
1997	275	870.97	587	526.85	7381	277.96
1998	302	980.25	761	749.74	8638	375.11
1999	291	1130.03	905	1047.70	9707	501.82
2000	266	1435.48	1136	1306	12316	811.35
2001	297	1671.43	1398	1555	15462	1125.78
2002	313	1980.08	1743	1934	18441	1487
2003	317	2980.64	1916	2136.04	21516	2142.96
2004	316	3947.78	2161	3112.34	16373	2834.35
2005	318	4826.67	2303	4197.70	16128	4140.40

参考文献

[1] Liu Shunzhong, Guan Jiancheng. The Evaluation on the Innovating Performance of Regional Innovation System. *Chinese Journal of Management Science*, 2002, 10(1): 75-78.

[2] Research Team on Science and Technology Development. *The report of the Science and Technology Development of China* (2000). Peking: Social Science Press, 2000.

[3] Guan Jiancheng, He Ying. The Performance of Chinese Regional System Evaluation Based on Data Envelopment Analysis. *Studies in Science of Science*, 2005, 23(2): 265-272.

[4] Tang Houxing, Liang Wei. Analysis and Evaluation for Innovation Performance of Region Innovative System. *Science Technology and Industry*, 2005, 5(6): 10-15.

[5] Li Guangjin. Evaluating Relatively Efficiency Input-output DEA. *Journal of Management Sciences in China*, 2001, 4(2): 199-218 (in Chinese).

[6] Chieko Umetsu, Thamana Lekprichakul & Ujjayant Chakravory. Efficiency and Technical Change in the Philippine Rice Sector: A Malmquist Total Factor Productivity Analysis. *American Journal of Agricultural Economy*, 2003, 85(4): 943-963.

[7] Nasierowski W, Arcelus F J. On the Efficiency of National Innovation Systems. *Socio-Economic Planning Sciences*, 2003, 37: 215-234.

[8] Dong Liya. The Concerned Problem and the Situation of the Indictors of Science and Technology in China. *Science and Technology Management Research*, 2001, 10(1): 34-39.

[9] Fu Jiaji. *Theory of Technology Innovation*. Peking: Tsinghua University Press, 1998.

[10] Archibugi D. The Inter-industry Distribution of Technological Capabilities: a Case Study in the Application of Italian Patenting in the USA. *Technovation*, 1998, 7: 259-274.

[11] Liu Xielin, Steven White. An Exploration into Regional Variation in Innovative Activity in China. *Journal of Technology Management*, 2001, 21(12): 114-129.

[12] Grosskopf S. *Efficiency and Productivity, the Measurement of Productive Efficiency: Techniques and Applications*. New York: Oxford University Press, 1993: 160-194.

[13] Bruce A. Kirchhoff. The Influence of R&D Expenditures on New Firm Formation and Economic Growth. *Small Business Economics*, 1999, 13 (2): 275-317.

[14] Nasierowski W, Arcelus F J. On the Efficiency of National Innovation Systems. *Socio-Economic Planning Sciences*, 2003, 37: 215-234.

[15] Baumol William. Entrepreneurship: Productive, Unproductive, and Destructive. *Journal of Political Economy*, 1990, 98(October, Part 1): 893-921.

[16] Baumol William. Productivity Growth, Convergence, and Welfare. *American Economic Review*, 1986, 76(December): 1072-1085.

[17] Wu Desheng, Shi Qin, Wang Ming. Max-min DEA Model and Corresponding Nash Bargaining Solution. *Journal of Management Sciences in China*, 2005, 8(5): 90-94(in Chinese).

[18] Colli T J. A Multi-stage Methodology for the Solution of Orientated DEA Models. *Operations Research Letters*, 1998, 23: 143-149.

[19] Charnes A, Cooper W W, Rhodes E. Measuring the Efficiency of Decision Making Units. *European Journal of Operational Research*, 1978, 2: 429-444.

[20] Charnes A, Cooper W W. Preface to Topics in Data Envelopment Analysis. *Annals of Operations Research*, 1985, 2(1): 59-94.

[21] Coelli T, Rao DSP, Battese G E. *An Introduction to Efficiency and Productivity Analysis*. Boston: Kluwer, 1998.

[22] Seiford L M, Thrall R M. Recent Development in DEA, the

Mathematical Programming Approach to Frontier Analysis. *Journal of Econometrics*, 1990, 46: 7-38.

[23] Jaume P J. Partitioning Input Cost Efficiency into its Allocative and Technical Components: An Empirical DEA Application to Hospitals. *Socio Economic Planning Sciences*, 2000, 34(3): 199-218.

[24] Farrell M J . The Measurement of Productive Efficiency. *Journal of the Royal Statistic Society*, 1957, Ser. A 120: 253-281.

[25] Anselin L. *Spatial Econometrics: Methods and Models*. Dordrecht: Kluwer Academic, 1988.

[26] Anselin L, Bera A. Spatial Dependence in Linear Regression Models with an Introduction to Spatial Econometrics. In *Handbook of Applied Economic Statistics*, Edited by A. Ullah and D. E. A. Giles, New York: Marcel Dekker, 1998: 237-289.

[27] Albert Solé-Ollé, Elisabet Viladecans-Marsal. Central Cites as Engines of Metropolitan Area Growth. *Journal of Regional Science*, 2004, 44: 321-350.

[28] Baldwin R. E. Core-periphery Model with Forward-looking Expectations. *Regional Science and Urban Economics*, 2001, 31: 21-49.

[29] Benjamin Chenitz. Contracts in Agglomeration: New York and Pittsburgh. *The American Economic Review*, 1961, 51.

[30] Berry B J L. City Size Distributions and Economic Development. *Economic Development and Cultural Change*, 1960, 9: 573-588.

[31] Carlsson B. (ed.) *Technological Systems and Economic Performance—The Case of Factory Automation*. Kluwer Academic Publishers, Boston, Dordrecht, London. 1995.

[32] Carlsson B. (ed.) *Technological Systems and Industrial Dynamics*. Kluwer Academic Publishers, Boston, Dordrecht, London. 1997.

[33] Carlsson B. & Jacobsson S. Technological Systems and Economic Performance: the Diffusion of Factory Automation in Sweden. In: Foray, D. & Freeman, C. (eds.) *Technology and the Wealth of Nations: The Dynamics of Constructed Advantage*. Pinter Publishers, London, New York, 1993: 77-92.

[34] Cooke P. Regional Innovation Systems, Clusters and the Knowledge Economy. *Industrial and Corporate Change*. 2001, 10: 945-975.

[35] Chesbrough H. *Open Innovation: The New Imperative for Creating and Profiting from Technology*. Harvard Business School Press, Cambridge, MA. 2003.

[36] Correa & Grupp. Trends in Technology Transfer-Implications for Developing Countries. *Science & Public Policy*, 1994 (8): 234-258.

[37] Durlauf S N. Spillovers, Stratification and Inequality. *European Economic Review*, 1994, 38: 836-845.

[38] Dubin R. Spatial Autocorrelation and Neighborhood Quality. *Regional Science and Urban Economics*, 1992, 22: 433-452.

[39] Doreian P. Linear Models with Spatially Distributed Data, Spatial Disturbances or Spatial Effects. *Sociological Methods and Research*, 1980, 9: 29-60.

[40] Edward L Glaeser, Hedi D Kallal, Jose A. Scheinkman, Andrei Shleifer. Growth in Cities. *Journal of Political Economics*, 1992, 100: 1126-1152.

[41] Frideman. The World City Hypothesis: Development & Change. *Urban Studies*, 1986, 23: 59-137.

[42] Becker G & Murphy K. The Division of labor, Coordination Costs and Knowledge. *Quarterly Journal of Economics*, 1992, 107: 1137-1160.

[43] Braczyk H J, Cooker P & Heidenreich M. (eds) *Regional Innovation Systems: The Role of Governanace in a Globalized World*. London: UCL Press, 1998.

[44] Cooke P. Regional Innovation System: An Evolutionnary Approach. In Baraczyk H, Cooke P. & Heidenreich R (eds). *Regional Innovation Systems*. London: University of London Press. 1996.

[45] Dorthy Leonard & Sylvia Sensiper. The Role of tacit Knowledge in Group Innovation. *California Management Review*, 1998, 40(3): 112-131.

[46] Edvisson L. Developing Intellectual Capital at Skandia. *Long Range Planning*, 1997, 30(3): 366-373.

[47] Edward Gerjuoy. Science and Technology Resources for the Courts. *Technology in Society*, 1995, 1(17): 1-15.

[48] Machlup F. *Information Economics and Human Capital*. Princeton University Press, 1984.

[49] Forrester Jay W. *Urban dynamics*. Cambridge Mass: The MIT

Press, 1969.

[50] Forrester Jay W. *World dynamics*. Cambridge Mass: The MIT Press, 1971.

[51] Freeman C. *Technology Policy and Economic Performance: Lessons from Japan*. London: Printer Publisher, 1987.

[52] Freeman C. The National System of Innovation in Historical Perspective. *Cambridge Journal of Economics*, 1995, 19(10): 5-24.

[53] Freeman C. Innovation in a New Context. OECD: Science Technology Industry, 1995, 15: 66-72.

[54] Gans J S. Knowledge of Growth and the Growth of Knowledge. *Information Economics and Policy*, 1991, 4: 201-224.

[55] Ikujiro Nonaka, Ryoko Toyama & Noboru Konno. SECI. Ba and Leadership: a Unified Model of Dynamic Knowledge Creation. *Long Range Planning*, 2000, 33: 5-34.

[56] Quinn J B, Anderson P & Finkelstein S. Managing Professional Intellectual: Making the Most of the Best. *Harvard Business Review*, 1996, 74(March-Aptial): 71-80.

[57] Leoncini. The Nature of Long-run Technological Change: Innovation, Evolution and Technological Systems. *Research Policy*, 1998, 27: 75-93.

[58] Lundavall B A. *National Syatem of Innovation*. London: Printer Publisher, 1992.

[59] Melisssa M. Appleyard. Knowledge Diffusion in the Semiconductor Industry. *Journal of Knowledge Management*, 1999, 45(2): 160-176.

[60] Morgan K. The Learning Region: Institutions, Innovation and Regional Renewal. *Regional Studies*, 1997, 31(5): 491-503.

[61] Nelson, Richard R. The Role of Knowledge in R&D Efficiency. *Quarterly Journal of Economics*, 1982, 97: 453-470.

[62] Nelson R R. *National innovation system*. London: Oxford University Press, 1993.

[63] Peter F Drucker. Knowledge-Worker Productivity: the Biggest Challenge. *California Management Review*, 1999, 41(2): 79-93.

[64] Gorman P & Thomas H. Theory and Practice of Competence-based Competition. *Long Range Planning*, 1997, 30(4): 615-620.

[65] Ribeiro J C. Innovation and Regional Development: a Digression Through the Literature. *Progress in Planning*, 1998, 48: 117-131.

[66] Richard Hall, Pierpaolo Andriani. Managing Knowledge Associated with Innovation. *Journal of Business Research*, 2003, 56: 145-152.

[67] Richardson H W. *Regional Growth Theory*. London: Macmillan. 1973.

[68] Robertson P L, Richard N L. *Innovation: Adaptation and Growth*. The Netherland: Elsevier Science Publishing Company INC, 1995.

[69] Rosenberg N. *Inside the Black Box: Technology and Economics*. London: Cambridge University Press, 1982.

[70] Timothy C. Lethbridge. Practical Techniques for Organizing and Measuring Knowledge (Dissertation for the degree Doctor of Philosophy). University of Ottawa, 1994.

[71] Von Krogh G, Nonaka L & Ichijo K. Develop Knowledge Activists. *European Management Journal*, 1997,15: 475-783.

[72] Freeman C. Japan: A New National System of Innovation. In: Dosi, et al. (eds.) *Technical Change and Economic Theory*. Francis Pinter, London, 1988: 330-348.

[73] Fujita M, Hu D. 2001. Regional Disparity In China: Effects of Globalization and Economic Liberaliztion, The Annals of Regional Science, 2001, 35: 3-37. Fritsch M, Franke G. Innovation, Regional Knowledge Spillovers and R&D Cooperation. *Research Policy*, 2004, 33: 245-255.

[74] Glaeser E L, Sacerdote B & Scheinkman J A. Crime and Social Interactions. *Quarterly Journal of Economics*. 1996, 111: 507-548.

[75] Gassmann, Oliver & Max von Zedtwitz, Trends and Determinants of Managing Virtual R&D Teams, R&D Management, 2003, 33(3): 243-262.

[76] Head K, Ries J & Swenson D. Agglomeration Benefits and Location Choice: Evidence From Japanese Manufacturing in the United States. *Journal of International Economics*, 1995,38: 223-247.

[77] Krugman P. Increasing Returns and Economic Geography. *Journal of Political Economy*, 1991, 99: 483-499.

[78] Krugman P. *Geography and Trade*. Cambridge, MA: the MIT Press, 1991.

[79] Krugman P. *Development, Geography, and Economic Theory*. Cambridge,

MA: the MIT Press, 1995.

[80] Krugman P. Space: the Final Frontier. *Journal of Economic Perspectives*, 1998, 12: 161-174.

[81] Kelejian H H, Robinson D P. A Suggested Method of Estimation for Spatial Interdependent Models with Autocorrelated Errors, and an Application to a County Expenditure Model. *Papers in Regional Science*, 1993, 72: 297-312.

[82] Kelejian H H, Robinson D P. Infrastructure Productivity Estimation and its Underlying Econometric Specifications: A Sensitivity Analysis. *Papers in Regional Science*, 1997, 76: 115-131.

[83] Katz J S. Scale Independent Bibliometric Indicators. Measurement: Interdisciplinary Research and Perspectives, 2005,3: 24-28.

[84] Katz J S, Katz L. Fractal (power law) Analysis of Athletic Performance. Sports Medicine Training and Rehabilitation, 1994,5: 95-105.

[85] Liu, Xielin & Steven White. Comparing Innovation Systems: A Framework and Application to China's Transitional Context. *Research Policy*, 2001,30: 1091-1114.

[86] Lundvall B. (ed.) *National Systems of Innovation: Towards a Theory of Innovation and Interactive Learning*. London: Pinter Publishers. 1992.

[87] Marshall A. *Principle of Economics*. Macmillan, London. 1990.

[88] Martin R. The New Geographical Turn in Economics: Some Critical Reflections. *Cambridge Journal of Economics*, 1990,23: 65-91.

[89] Martin R, Sunley P. Paul Krugman's Geographical Economics and its Implications for Development Theory: A Critical Assessment. *Economic Geography*, 1996,72: 259-292.

[90] Martin R, Sunley P. Deconstructing Clusters: Chaotic Concept or Policy Panacea? *Journal of Economic Geography*, 2003,3: 5-23.

[91] McKelvey M, Alm H, Riccaboni A. Does Co-location Matter for Formal Knowledge Collaboration in the Swedish Biotechnology-Pharmaceutical Sector? *Research Policy*, 2003,32(3): 483-501.

[92] Nelson R R. (ed.) *National Systems of Innovation. A Comparative Analysis*. Oxford: Oxford University Press, 1993.

[93] OECD. *The Sources of Economic Growth in OECD Countries*. OECD, Paris, 2003.

[94] Orsenigo L, Pammolli F, Riccaboni M. Technological Change and Network Dynamics. Lessons form the Pharmaceutical Industry. *Research Policy*, 2001, 30: 485-508.
[95] Pavitt K. Uses and Abuses of Patent Statistics. In: Van Raan (ed.) *Handbook of Quantitative Studies of Science and Technology*. Elsevier, Amsterdam.
[96] Porter M. *The Competitive Advantage of Nations*. The Free Press, New York, 1990.
[97] Sassen Saskia. *The Global City: New York, London, Tokyo*. Princeton University Press, 2001.
[98] Scott A, Steyn G, Geuna A, Brusoni S, Steinmueller E. The Economic Returns to Basic Research and the Benefits of University-Industry Relationships: A Literature Review and Update of Findings. Report for the Office of Science and Technology SPRU, University of Sussex. 2002.
[99] Solow R M. Acontribution to the Theory of Economic Growth. *Quarterly Journal of Economics*, 1956, 70: 65-94.
[100] Schumpeter Joseph. The Process of Creative Destruction, Chapter VII of Capitalism, Socialism and Democracy. New York: Harper & Row, 1942/1979: 81-87.
[101] Temple. *Regionl Economics*. The Macmillan Press, LID, 1994.
[102] Thierry Mayer. Spatial Cournot Competition and Heterogeneous Production Costs Åcross Locations. *Regional Science and Urban Economics*, 2000, 30: 325-352.
[103] Von Hippel E. *The Sources of Innovation*. New York: Oxford University Press, 1988.
[104] Von Hippel E. Economics of Product Development by Users: the Impact of "Sticky" Local Information. *Management Science*, 1998, 44(5): 629-644.
[105] [日]藤田昌久，[美]克鲁格曼．空间经济学．北京：中国人民大学出版社，2005.
[106] [美]保罗·克鲁格曼．发展、地理学与经济理论．北京：北京大学出版社，2000.
[107] [美]艾伦·伊文思．城市经济学．上海：上海远东出版社，1992.
[108] [美]阿瑟·奥沙利文．城市经济学．北京：中信出版社，2003.

[109] [美]迈克尔·波特. 国家竞争力. 北京：华夏出版社，2002.
[110] [英]埃比尼泽·霍华德. 明日的田园城市. 金经元译. 北京：商务印书馆，2000.
[111] 中国科学院可持续发展战略研究组. 2005中国可持续发展战略报告. 北京：科学出版社，2005.
[112] 周起业，刘再兴. 区域经济学. 北京：中国人民大学出版社，1999.
[113] [美]彼得·卡尔·克拉索. 全球城市竞争力报告(2005—2006)——竞争力：挑战世界城市体系. 倪鹏飞译. 北京：社会科学文献出版社，2006.
[114] 许仁祥，高汝熹. 上海与东京产业结构特点的比较与分析. 科技导报，1996(7).
[115] 杨建荣. 论中国崛起世界级大城市的条件预购. 财经研究，1995(6).
[116] 王成新，姚士谋. 中国城市群发展前景展望. 中国城市化，2003(7).
[117] 姚士谋，等. 沪宁杭城市群区发展趋势探讨. 人文地理，1993(10).
[118] 宁越敏，等. 长江三角洲都市连绵区形成机制与跨区域规划研究. 城市规划，1998(1).
[119] 张尚武. 长江三角洲城镇密集地区形成及发展的历史特征. 城市规划汇刊，1999.
[120] 徐永健，等. 中国典型都市连绵区形成机制初探——以珠江三角洲和长江三角洲为例. 人文地理，2000(2).
[121] 阎小培，等. 穗港澳都市连绵区的形成机制研究. 地理研究，1997(2).
[122] 何一民，等. 中国城市发展模式研究. 社会科学研究，2005(1).
[123] 胡鞍钢. 如何认识中国的技术追赶效应. 科学中国人，2005(1).
[124] 周寄中，胡志坚，周勇. 在国家创新系统内优化配置科技资源. 管理科学学报，2002(3).
[125] 张景安. 实现由技术引进为主向自主创新为主转变的战略思考. 中国软科学，2003(11).
[126] 路风，封凯栋. 中国汽车工业的自主开发之路. 中国军转民，2004(7).
[127] 路风. 我国大型飞机发展战略的思考. 中国软科学，2005(4).
[128] 柳卸林. 调整科技计划与政策，加强创新系统的互动. 中国软科学，2000(9).
[129] 察志敏，杜希双，关晓静. 我国工业企业技术创新能力评价方法及实证研究. 统计研究，2004(3).
[130] 董秋玲，常玉，庄宇. 科技园区区域技术创新能力评价综述. 科学管理

研究,2005,23(3).

[131] 官建成,何颖. 基于 DEA 方法的区域创新系统的评价. 科学学研究,2005,23(2).

[132] 刘凤朝,潘雄锋,施定国. 基于集对分析法的区域自主创新能力评价研究. 中国软科学,2005(11).

[133] 王海威,朱建忠,许庆瑞. 技术创新能力及其测度指标研究综述. 中国地质大学学报(社会科学版),2005(5).

[134] 孙晓峰,陈泽聪. 福建省企业技术创新能力评价. 统计与决策,2005(10).

[135] 潘雄峰,刘凤朝,许立波. 东北三省技术创新能力的分省比较与分析. 科技进步与对策,2005(2).

图书在版编目(CIP)数据

区域创新系统资源配置效率研究/王亮著. —杭州：浙江大学出版社，2010.8

ISBN 978-7-308-07870-2

Ⅰ.①区… Ⅱ.①王… Ⅲ.①地区经济—国家创新系统—资源分配—研究—中国 Ⅳ.①F127

中国版本图书馆 CIP 数据核字（2010）第 151803 号

区域创新系统资源配置效率研究

王 亮 著

责任编辑 吴伟伟

封面设计 俞亚彤

出版发行 浙江大学出版社

（杭州市天目山路 148 号 邮政编码 310007）

（网址：http://www.zjupress.com）

排 版 杭州大漠照排印刷有限公司

印 刷 杭州日报报业集团盛元印务有限公司

开 本 710mm×1000mm 1/16

印 张 9.5

字 数 176 千

版 印 次 2010 年 8 月第 1 版 2010 年 8 月第 1 次印刷

书 号 ISBN 978-7-308-07870-2

定 价 24.00 元

浙江大学出版社发行部邮购电话（0571）88925591